轻松阅读·外国史丛书

轻松阅读·外国史丛书

顾问
齐世荣

编委会主任
钱乘旦　王明舟　张黎明

编委会
陈志强　董正华　高　毅　郭小凌
哈全安　侯建新　黄　洋　李安山
李剑鸣　刘北成　彭小瑜　王新生
吴宇虹　向　荣　徐　蓝　杨书澜
（按姓名拼音排序）

本书责任编委
刘北成

轻松阅读·外国史丛书

吴 伟 著

格拉布街

英国新闻业往事

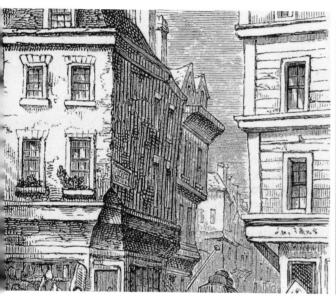

北京大学出版社
PEKING UNIVERSITY PRESS

图书在版编目（CIP）数据

格拉布街：英国新闻业往事／吴伟著．—北京：北京大学出版社，2010.1

（未名轻松阅读·外国史丛书）

ISBN 978-7-301-15936-1

I.格… II.吴… III.城市史-伦敦-普及读物 IV.K561.9-49

中国版本图书馆CIP数据核字（2009）第173595号

书　　　　名：格拉布街——英国新闻业往事
著作责任者：吴　伟　著
丛　书　策　划：杨书澜
丛　书　执　行：闵艳芸
责　任　编　辑：闵艳芸
整　体　设　计：薛　磊
正　文　制　作：北京河上图文设计工作室
标　准　书　号：ISBN 978-7-301-15936-1/K·0640
出　版　发　行：北京大学出版社
地　　　　址：北京市海淀区成府路205号　100871
网　　　　址：http://www.pup.cn　电子邮箱：minyanyun@163.com
电　　　　话：邮购部 62752015　发行部 62750672　编辑部 62750673
　　　　　　　出版部 62754962
印　　刷　者：北京汇林印务有限公司
经　　销　者：新华书店
开　　　　本：890mm×1240mm　A5　6.875印张　148千字
版　　　　次：2010年1月第1版　2010年1月第1次印刷
定　　　　价：21.00元

未经许可，不得以任何方式复制或抄袭本书之部分或全部内容。
版权所有，侵权必究
举报电话：010-62752024　电子邮箱：fd@pup.pku.edu.cn

总序

钱乘旦

世界历史在今天的中国占据什么位置？这是个值得深思的问题。从理论上说，中国属于世界，中国历史也是世界历史的一部分；中国要了解世界，也应该了解世界的历史。改革开放三十年的今天，在"全球化"的背景下，世界对中国更显得重要。世界历史对中国人来说，是他们了解和理解世界的一扇窗，也是他们走向世界的一个指路牌。然而在现实中，世界历史并没有起这样的作用，中国人对世界的了解还不够，对世界历史的了解更加贫乏，这已经影响到改革开放、影响到中国发挥世界性的作用了。其中的原因当然很多，但不重视历史，尤其是不重视世界史，不能不说是一个重要原因。改革开放后，中国在许多方面取得进步，但在重视历史这一点上，却是退步了。中国本来有极好的历史传统，中国文化也可以说是一种历史文化，历史在中国话语中具有举足轻重的地位。然而在这几十年里,历史却突然受到冷落,被很多人淡忘了,其中世界史尤其受到冷落,当人们知道一个人以世界史为专业方向时,其惊讶的程度,就仿佛他来自一千年以前的天外星球!

不过这两年情况又有变化,人们重新发现了历史。人们发现历史并不是百无聊赖中可以拿出来偶尔打发一下时间的调味剂,也不是傻头傻脑的书呆子找错门路自讨苦吃坐上去的冷板凳。人们意识到:历史是记忆,是智慧,是训诫,是指引;历史指引国家,也指引个人。人们意识到:历史其实是现实的老师,昨天其实是今天的镜子。有历史素养的人,比他的同行更富有理解力,也更具备处理问题的创造性。以历史为借鉴的国家,也会比其他国家走得更稳,发展得更好。

然而在当今时代,历史借鉴远超出了本国的历史,因为中国已经是世界的中国。中国人必须面对这个现实:在他们眼前是一个世界。世界的概念在中国人的脑子里一向不强,而世界历史在中国人的记忆中则更加淡薄。但这种情况不能再继续下去了:时代已经把我们推进了世界,我们如何能不融进世界历史的记忆中?所以,加强对国人的世界史教育,已经是不可回避的责任,这是一个时代的话题。在许多国家,包括我们的近邻,世界历史的教育已经超过了本国历史的教育,外国历史课程占百分之六十甚至更多,本国历史课程只占百分之四十或更少。外国史教育是现代公民的基本素质教育,中国的公民也应该是世界的公民。

遗憾的是,目前的学校教育离这个要求还很远,所以我们有必要在社会大众中普及世界历史知识。我们编写这套书,就是希望它为更多的人打开一扇窗,让他们看到更多的世界,从而了解更多的世界。我们希望这套书是生动的,可读的,真实地讲述世界的历史,让读者思索人类的足迹;我们希望这套书是清新的,震撼的,指点人间的正义与邪恶,让读者体验历史的力量。

大约半个世纪前,商务印书馆曾推出过一套"外国历史小丛书",其中每一本篇幅都很小,一般是两三万字。那套书曾经有过很大的影响,至今还会有很多人说:那是他们世界史知识的来源。"文化大革命"中,"小丛书"受到无端的批判,许多作者受株连,主编吴晗则因为更复杂的原因而遭遇不测。但这套书没有被人忘记,"文化大革命"结束后,吴晗被平反,"小丛书"又继续出版,人们仍旧如饥似渴地阅读它,直至它出版近五百种之多。

又是三十年过去了,时至今日,时代发展了,知识也发展了,"外国历史小丛书"的时代使命已经完成,它不再能满足今天读者的需要。今天,人们需要更多的世界历史知识和更多的世界历史思考,"小丛书"终究小了一点,而且有一点陈旧。我们编辑这一套"未名轻松阅读·外国史丛书"是希望它能继承"外国历史小丛书"的思想精髓,把传播世界历史知识的工作继续向前推进。

2008年12月于北京

目 录

引 子 /1

第一章　二十六个铅字兵 /5

"有二十六个铅字兵,我就可以征服全世界。"这是16世纪的一位印刷商口中的狂言。这位商人所说的"铅字兵"实际上就是我们非常熟悉的印刷用铅字。尽管这位印刷商的话有夸张之嫌,但用"铅字兵"来形容德国人古腾堡所发明的金属活字印刷术中的二十六个字母活字,其战斗威力可见一斑。在历史上,活字印刷术不仅是催生格拉布街的重要技术基础,而且这项技术的核心——二十六个铅活字也活像"铅字兵"一样谱写了格拉布街自诞生之日始终一以贯之的战斗基调。

格拉布街的幽灵 /6

特许制下的早期格拉布街 /6

星法庭与早期格拉布街 /22

第二章　革命与"信使" /33

革命不仅意味着双方你来我往的暴力厮杀以及各种血腥场景,除了我们所熟知的沙场上双方硝烟弥漫的角力,另一个战场上的决斗虽不见硝烟但同样火药味十足,这就是对立双方在意识形态领域拉开的宣传战役。在风云激荡的英国资产阶级革命岁月里,格拉布街就曾上演了一场革命与反革命双方在意识形态领域的殊死对决。

吹响革命的号角 /34

《议会纪闻》与短暂的出版自由 /35

革命与"信使" /39

护国主与出版检查制度 /48

《出版许可法》的废除 /56

第三章　咖啡桌上的启蒙 /69

如果说英国内战时期格拉布街文人的"呐喊冲杀"多多少少有些火药味,那内战后的和平年代里,格拉布街文人在咖啡桌上的笔耕就显得雅静了许多。在这份平静的背后,格拉布街文人参与社会启蒙的思想却已经悸动。格拉布街文人办刊物,写文章,以此开启民智,他们就像一颗颗明星,点亮了18世纪英国民众的夜空,其中尤数斯蒂尔、艾迪逊最为耀眼。在英国咖啡馆民主、开放的氛围中,上演了一场由格拉布街文人主导的咖啡桌上的启蒙。

"道德周刊"的创办者 /70

小咖啡里的大智慧 /74

咖啡桌上的启蒙 /84

第四章　为生计而写作 /89

"为生计写作",今天这句话虽然依然会引起诸多争议,但它已成为很多体制外文人的生存方式,因此为公众所理解和宽容。但对格拉布街文人而言,"为生计写作"除了反映了他们艰辛的生活,更多的则承载了世人的鄙夷与不齿。让我们暂且摘掉偏见的有色眼镜,退回到历史的语境,触摸当时格拉布街文人真实的生活状态。

政论者笛福 /90

坎坷的政论之路 /91

报刊政治津贴 /99

文学商业化的弄潮儿——18世纪格拉布街文人群像 /117

格拉布街文人的"独立宣言" /128

第五章　走向大众的政治刊物 /135

在民主制度尚不十分健全的18世纪,在很多人看来,政治仍然是少数社会精英玩弄于股掌中的游戏,对普通大众而言,妄谈政治多少显得有些出格。但也是在18世纪,有那么一些格拉布街文人通过创办通俗政治刊物,逐渐揭开蒙在政治脸上的那层神秘面纱,使普通民众也有机会接触并谈论此前曾高高在上的政治,从而为英国民众参与政治铺筑了一条渐行渐远的道路。

《印花税法案》/136

激进的政治刊物——《周刊》/141

反对派的论坛——《匠人》/147

第六章　公共舆论的胜利 /159

对一份公开发行的报纸而言,在应对重大政治事件之时,它所刊登的文章若能在社会上收到一石激起三层浪的轰动效果,激起民众对时局的关注,也不失为一种成功。19世纪中后期的格拉布街就曾涌现出多份此类报纸,一度在英国社会掀起了不小的波澜,并最终以公共舆论的力量影响了英国政局的走向。

《北不列颠人报》第45期风波 /160

"国王之友"内阁 /161

米德尔赛克斯郡的选举事件 /170

现代舆论的先锋——《朱尼厄斯书简》/172

第七章　争取报道议会进程权 /181

今天,每当英国议会开会,除了议员,议会大厅里总能见到各家大报、小报及网络媒体的记者们忙碌的身影。这些记者负责向外界传达议会开会的详细情形及各种动态信息,以保证英国民众在第一时间了解议会的议程。然而,这种在英国民众今天看来司空见惯的情形在18世纪的英国则是不可想象的。正是格拉布街文人勇敢地迈出了坚实的步伐,他们以惊人的智慧和勇气击败了惯于"黑箱操作"的议会以及傲慢的议员,为英国民众铺设了又一个了解并参与国家政治生活的平台。

18世纪英国议会一瞥 /182

从《议会进程日报》到《纪事晨报》/183

最后的胜利 /193

结　语　从格拉布街到舰队街:英国新闻业的一曲挽歌 /199

参考文献 /205

出版后记 /209

引子

从伦敦市中心的特拉法加广场向东走30分钟,经过英国广播公司国际部那个灰色的石雕大门不久,只见一尊数米高的黑铁铸成的火龙巨像矗立在眼前。据说,这是为纪念1666年伦敦大火而设立的雕像。从这儿开始,就算踏上了英国有名的"报纸一条街"——"舰队街"。从18、19世纪开始,英国各大报社和小报馆纷纷搬进这条街,到最高峰时竟达一百多家。像《泰晤士报》、《镜报》、《每日电讯报》*等全国性大报和小报均先后把总部设在这条街上。那时,编辑在楼上编报,地下室和后街就是印刷厂,数以千计的记者奔走于议会、唐宁街、白金汉宫和法院等社会各个角落,采集新闻。晚上,各报社灯火通明,印刷机飞转,编辑、记者聚集在酒吧、咖啡馆交流信息。早晨,成千上万的报纸零售商、售报人游走于街上,批发报纸，以最快的速度发送到遍布全国的营销网点。英国著名作家狄更斯曾对舰队街做过这样的描述："有谁能在舰队街热闹繁忙的时刻坐在那儿而不被那两条浩大的人流弄得目眩头晕呢！一条人流跟着太阳无休止地往西走，一条人流对着太阳无休止地往东走，两条人流都在往日落处红紫两色山峦外的平原走！"那时的舰队街，俨然是英国信息的集散地，热闹非凡，堪称伦敦一景。

但是又有谁能想到，做为英国有名的"报纸一条街"，如此繁华的舰队街的真正先驱却是另一条十分重要但在英国新闻史上却一直籍籍无名的小街——格拉布街。如果说舰队街代表着英国新闻业发展的成熟期，那么格拉布街就是英国印刷新闻业的童年。

做为17、18世纪英国新闻业的一个中心，格拉布街在英国新闻史上留下了浓墨重彩的一页，为英国新闻业由初创向成熟迈进奠定了坚实的基础。

此外，做为民间新闻出版机构的聚居地，格拉布街在17、18世纪英国政治史上的作用也不可小觑。格拉布街文人创办报刊，在报刊上发表各类评论文章，漫谈时事，在公众舞台上一度十分活跃。在某种程度上，格拉布街文人创办的报刊成为时人品评时事的重要平台。他们在刊物上发表的时评文章，则充当了新兴的工商业资产阶级的传声筒，并逐渐为英国政坛上各个党派，尤其是不同时期的反对派所利用，扩大为党派公开辩论的场所，成为公共舆论的风向标。可以说，以格拉布街为中心的18世纪英国新闻出版业也由此由最初单纯的文学公共空间，逐渐发展成为具有政治批判意识的公众对王室行动以及政府的各项政策展开理性批判的空间。

格拉布街的一处街景

"有二十六个铅字兵,我就可以征服全世界。"这是16世纪的一位印刷商口中的狂言。这位商人所说的"铅字兵"实际上就是我们非常熟悉的印刷用铅字。尽管这位印刷商的话有夸张之嫌,但用"铅字兵"来形容德国人古腾堡所发明的金属活字印刷术中的二十六个字母活字,其战斗威力可见一斑。在历史上,活字印刷术不仅是催生格拉布街的重要技术基础,而且这项技术的核心——二十六个铅活字也活像"铅字兵"一样谱写了格拉布街自诞生之日始终一以贯之的战斗基调。

二十六个铅字兵 ▎第一章

格拉布街的幽灵

伦敦市区东北边缘的格拉布街，夜晚时分，整个街面显得幽暗而沉静。街上一幢楼房内的一间逼仄、阴暗的地下室里，两名工人正在一台印刷机旁紧张地忙碌着。机器旁散落着几份印刷品，《论出版自由》的大标题赫然在目。众所周知，弥尔顿的《论出版自由》在当时是政府明令禁止出版的，英国政府也早已颁发特许令，把印刷的权力交由一些政府认可的大印刷商，并严查格拉布街的"非法"印刷出版活动，但自诞生之初，格拉布街就像一个不死的幽灵，始终盘旋在伦敦的上空，摇撼着特许制的"威严"。

特许制下的早期格拉布街

隆冬时节的一天，英国的海港有艘来自荷兰的船靠岸。只见一名商人模样的人指挥几名海员匆匆地将一箱货物卸下船并搬运到早已在港口等候的一辆马车上，马车随后疾驰而去，这名商人也快步走出码头，消失在商贩叫卖声十分喧闹的街头。

伦敦圣保罗大教堂北门，兜售廉价小册子的小贩们正站在街角的圆桶上起劲地叫卖着："快来看啊，来自荷兰的最新消息，有关我们敬爱的伊丽莎白公主。"小贩的叫卖声吸引众人围拢过来，小贩手中的读物很快就被抢售一光。原来，这期宝贵的读物正是从荷兰远道而来的那箱货物，这上面刊登着备受英国人关注的有关德意志三十年战争的最新消息。这期读物的出版时间是1620年12月。实际上，从两年前开始，欧洲大陆尤其是德国局势的发展就一直令英国人牵挂。

1617年，来自奥地利哈布斯堡王朝的斐迪南二世受神圣罗马帝国皇帝之封，当上了捷克（波西米亚）国王。捷克是德意志"新教联盟"的成员，境内人民大多信奉新教。不幸的是，捷克的新国王斐迪南二世却是一个狂热的"耶稣会士"。

斐迪南二世继位后，背弃先前答应保留捷克宗教自主权的承诺，马上筹划在捷克恢复天主

斐迪南二世

教，禁止布拉格（捷克首都）新教徒的宗教活动，拆毁教堂，宣布参加新教集会者为暴民，残酷迫害捷克新教徒。捷克人民痛恨斐迪南二世，在捷克人眼中，斐迪南二世简直是一个"魔王"。

1618年5月5日，捷克国会内的新教徒代表集会，拒绝承认斐迪南为捷克国王，并向神圣罗马帝国皇帝提出抗议。皇帝拒绝了捷克新教徒的请求，而且宣布集会的新教徒为暴民，应受到惩罚。愤怒的捷克人民开始了反抗国王斐迪南二世的行动。

5月23日，武装起来的群众和新教徒手拿棍棒长矛冲进王宫，斐迪南二世吓得仓皇逃窜，愤怒的群众抓住了皇帝的两个钦差，按照捷克惩罚叛徒的古老习惯，把他们从窗口扔进了壕沟，史称"掷

画家对"掷出窗外事件"的刻画

出窗外事件"。由此,欧洲"最后的宗教战争"——三十年战争——爆发。

"掷出窗外事件"震惊了欧洲,也使捷克暂时摆脱了哈布斯堡王朝的统治。1620年,捷克人民推举普法尔茨(巴拉丁)选帝侯腓特烈五世担任捷克国王。

腓特烈五世是德意志"新教联盟"的首领,他的妻子伊丽莎白则是深受英国人民喜爱的英国公主。英王詹姆斯一世对自己女婿腓特烈的命运格外关心。英国人也认为"世界上唯一的完人"女王伊丽莎白一世的时代即将重现。新教徒邻居的命运牵动着英国新教徒。大批英国新教徒自愿奔赴前线为信仰而战,留守国内的人则期盼获知战事的最新进展。

此时,在这场战争的主战场德国以及荷兰的商贸中心阿姆斯特丹,都有多种报道这场战争详情的出版物受到人们的欢迎。在众多出版物中,在荷兰出版的"科兰特"(Coranto)更以其客观而详尽的报道而受到人们追捧。"科兰特"并非是某种报刊的专有名称,而是我们对当时各种新闻出版物的通称,相当于现在所说的"报纸"、

"期刊"。在三十年战争时期，法国及荷兰均有科兰特出版，而最流行的还是在荷兰出版的以荷兰文印刷的科兰特。通过阅读科兰特等刊物，荷兰人获知大量有关三十年战争的消息，英国人对此无比艳羡，他们盼望着有朝一日也能像邻居们一样每周获知最新消息。

于是，来自荷兰阿姆斯特丹的印刷商乔治·威塞勒立即迎合英国人的兴趣于1620年12月出版了一份英文"科兰特"，专门报道战争新闻，由荷兰运抵英国销售。威塞勒的"科兰特"没有固定的刊名，以"意大利的最新消息还未到来"为标题，直接译自荷兰文报纸，不定期出版。从1620年12月到1621年9月，威塞勒至少出版了25份英文"科兰特"，现存世不多，幸存下来的藏于不列颠博物馆。

面对难得的商机，英国本土印刷商也很快采取行动，英国传统的印刷媒介小册子也开始介绍有关三十年战争的信息。1620年，出版商

（上）腓特烈五世
（下）腓特烈五世的妻子伊丽莎白

詹姆斯一世

巴特出版小册子《斐迪南二世非法继位的简单实证,他父母的婚姻实属乱伦》,反对斐迪南二世继承捷克王位,在民众中激起了较大的反响。

与英国民众对这场战争的热烈反应相比,英国国王詹姆斯一世似乎要冷静得多。詹姆斯一世并没有像国民想象的那样直接出兵,对他的新教徒女婿施以援手,而是执意奉行中立政策,不肯直接参与这场战争。对于任何批评中立政策的声音,詹姆斯一世都异常敏感。巴特的这本小册子显然处在风口浪尖上。印刷商威廉·施坦斯比当时假称这本小册子"是在海牙"印刷①。但不幸的是,巴特与施坦斯比都没逃脱厄运,他们俩双双被捕。施坦斯比的印刷所也在主人的这场劫难中遭损毁。1621年1月,通过英国驻荷兰大使,詹姆斯一世指示相关官员禁止任何科兰特进入英国。六个月后,詹姆斯一世又在国内发布公告,对"讨论国家事务的自由"严加限制。

---

① 海牙是荷兰的一座城市。在17、18世纪,海牙是荷兰的政治中心,是王宫、议会以及中央政府的所在地。在当时的欧洲,荷兰是享有较高的政治、学术自由的国家。施坦斯比此举显然是为了躲避政府迫害。

尽管政府严加控制,但现代印刷新闻出版物还是很快出现在伦敦街头。1621年,英国出版商托马斯·阿切尔出版了他亲自编著的"科兰特"。这是英国人自己创办的第一份"科兰特"。

实际上,早在现代印刷新闻出版物问世之前,英国民间就一直流传着小册子、歌谣、招贴等人们喜闻乐见的各种廉价出版物。作为现代报纸的祖先,这些印刷品在出现之初就不遗余力地向读者传播重要的新闻时事。出版商抓住人们的猎奇心理,通过各种故事,讲述各种"精彩奇异的新闻"。超自然的力量、对女巫的审判、煽情故事、凶杀案及战争等都是这些出版物关注的主题。由于印刷成本低廉,语言通俗,而且通常出现在公共场合,即便不识字的人也能从别人的诵读及交谈中了解大概意思,因此,这些看似单薄的单页印刷品的读者面及影响力远远超过普通书籍。受到读者的极大欢迎。

单页印刷品的畅销吸引了更多英国出版商,皇家特许出版公司的成员纳撒尼尔·巴特就是其中一员。1605年,巴特推出了一份名为《约克郡谋杀案》的小册子,希望以此打入新闻出版市场。巴特还开设了一家相当于现代新闻代理机构的商店。当时有些新闻记者就在这家商店收发信件,有新闻意识的顾客也来打听最新的小册子及传单。

美中不足的是,这些单页印刷品没有固定的出版时间,无法满足渴盼信息的商人及其他各界人士。与同一时期荷兰街头定期出版的《新闻报》相比,英国的这些小册子真是相形见绌。正是前述三十年战争这场旷日持久的宗教大战出人意料地催生了英国现代印刷新闻业。

兜售歌谣的小贩

不幸的是,做为英国现代印刷新闻业的先驱者,阿切尔很快遭到了享有许可专利的书商公会的控告,理由是他没有经过许可就报道了有关三十年战争的新闻。阿切尔据理力争,他认为:英国政府当时并没有建立有关新闻业的许可与登记制度。为了"将这个印刷商与他的印刷机分开",享有出版特权的书商公会并没有理会阿切尔的申辩,阿切尔被捕入狱。

阿切尔的遭遇绝非偶然。虽然英国出版业的先驱卡克斯顿的印刷活动得到了英国几任国王的支持,但及至阿切尔,英国统治者对待印刷出版业的态度却早已经起了变化。在都铎王朝统治的16世纪,英国即已确立起一系列有关图书出版的登记、检查及特许制度。1530年,都铎王朝的亨利八世颁布一项特许状:授予托马斯·希尔顿享有售卖廷代尔版《圣经》的专有权。亨利八世的此举揭开了英国印刷出版业特许制的序幕,也是英国国王管制印刷出版业,借以强化王权的开始。实际上,早在1528年,亨利八世就透露出控制印刷出版业的意图。当年,亨利八世一改此前历届国王鼓励外国人到英国创办印刷实业的政策,下令:不许外国出版商在英国设立新厂,现有印刷厂的学徒也不得超过两个人。在都铎王朝的历任统治者看来:印刷出版跟铸币一样,是国王的特权。

此外,就印刷出版业本身而言,在16世纪既是一项盈利事业,同时也存在一定的风险。由于购买纸张、建立印刷所、雇佣工人都需要大笔资金,对于印刷商来说,如果这种投资能够获得某种保护,可能会大大降低投资风险。如果能够有幸得到国王授予的出版特权,就等于获得保护,印刷商不仅会因此享有复制及销售的专有权,当权利被侵害时还能获得赔偿损害、罚款、扣押及没收侵权书籍等方面的补偿。对国王而言,提供这种特权

亨利八世

保护一方面意味着奖赏那些较顺从的出版商;另一方面,则可以以现实的经济利益诱惑那些不太听话的出版商,并加以控制,可谓一箭双雕。

对很多出版商而言,获准在书上盖上"特许出版"印戳,意味着打通了谋求更大利润的通道。有些未获特权的出版商不惜仿冒国王特许状,"擅自"加盖。对此,亨利八世于1538年重申:销售图书须经国王批准;没有检察官的审查不得进口任何图书;每本书需印出印刷者、作者、译者及编者的姓名,否则将判监禁及没收财产。亨利八世颁发的这个法令标志着英国皇家特许制度的正式建立。皇家特许状把伦敦印刷业集中到了少数官方可以控制的印刷商手中。

1543年，亨利八世又加大了对出版业的控制力度，首次规定了专门针对未经许可的印刷书籍的处罚措施：第一次发现将对出版商处以3个月监禁及10英镑罚款；第二次发现将没收财产并判终身监禁。

亨利八世的女儿，绰号"血腥玛丽"的玛丽一世对待印刷出版也十分严格。在把行政命令与商业垄断

玛丽一世

结合起来实现管制目标这一点上，玛丽似乎比她父亲更加在行。1557年，应伦敦部分书商的请求，玛丽一世颁布王家特许状，设立了皇家特许出版公司。这是一家享有印刷出版特权的公司，只有经过女王特许的印刷商才能成为公司的会员，只有公司会员及女王特许之人才能从事印刷出版；所有书籍的出版也都必须在公司注册。事实证明，这是一个"双赢"的举措。国王获得了管制"诽谤"、"恶意攻击"及异端言论的御用工具。享有独占专利的出版商则把管制非法出版物作为对国王恩惠的回报。因此，在整个16世纪，专利与特权始终是国王控制出版物的有力工具。

1570年，童贞女王伊丽莎白更是将参议院司法委员会独立出来，单独设为"星法庭"（星法庭因在威斯敏斯特宫的星室开庭而得名），成为政府实施出版管制政策的重要司法机构，也是皇家特许出

版公司强有力的靠山。

1586年，星法庭颁布针对印刷出版活动的特别法令，法令规定：一切印刷品均须送皇家特许出版公司登记；伦敦市以外，除了牛津、剑桥大学，一律禁止印刷；印刷任何刊物均须事先请求许可；皇家特许出版公司有搜查、扣押、没收非法出版物及逮捕嫌疑犯的权力等等。对违犯

伊丽莎白女王

者，除处以罚金、判处徒刑及肉刑外，甚至可以不经辩护秘密处决。

在严厉的管制下，英国的书籍贸易被严格地限制在一些官方可以控制的特权商人中间。通过与特许出版公司的合作，他们在17世纪初分别垄断了英语、爱尔兰语、拉丁语书籍及歌谣的出版及价格。剑桥大学出版的书籍的价格通常比特许出版公司的价格低很多，但却一直无法打入由特许出版公司所垄断的市场，直到1621年剑桥大学获得了王室许可，才得以进入壁垒森严的出版市场。

尽管都铎王朝的君主们在出版制度上做了详尽的限制规定，但当时的这些制度确实如出版商阿切尔所争辩的那样，针对的都是普通图书，对于小册子、歌谣、历书等统治者看来不登大雅之堂的出版物以及新兴的印刷新闻出版物，政府并未明文限制其印刷。因此，在阿切尔看来，这些制度对新兴的印刷新闻出版物没有什么约束力。

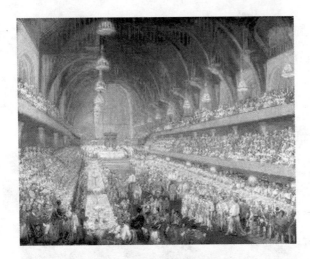

星法庭

这是事实。阿切尔抓住这个制度漏洞,本以为能侥幸免于惩罚,但最终也没能逃脱一场牢狱之灾。

阿切尔被捕之后,一批有名望的出版商很快开始申请出版新闻书。经枢密院讨论,继图书出版之后,印刷新闻业也被纳入国王特许制度特权控制起来。1621年9月,经过国王特许,一个名字缩写为"N.B"的人,获准印刷、销售专门刊登国外战事的科兰特。在当年9月及10月两个月,N.B共出版了七种科兰特,每种都是来自阿姆斯特丹的报纸的忠实翻译。N.B的身份如今已不可考,或许是尼古拉斯·伯恩,或许是纳撒尼尔·巴特,还有可能是两人合作,共用这一名号,两人名字的缩写都是"N.B"(尼古拉斯·伯恩:Nicolas Bourne;纳撒尼尔·巴特:Nathaniel Butter)。

所谓入乡随俗,科兰特也不例外。进入英国后,科兰特首先在外观上"变脸":此前小两开的单张变成在英国更加流行的四开的书本式,每份通常从8页到24页不等,封面、书脊一应俱全;没有固定的刊名,一般根据报道内容临时确定名称,因此它们又被称为"新闻书"。在外观上，新闻书与现代报纸仍有较大差异，与现代报纸精炼的大字标题相比，新闻书的标题要繁冗得多，虽然它们都致力于用引人入胜的言词吸引读者；但在传播消息的功能上，新闻书与现代报纸则几乎没有差别。英国民众对三十年战争的关注丝毫不减，他们是新闻书最热情的购买者。

虽然N.B获得国王授权，但这种授权是建立在流沙之上的"荣耀"，善变而不稳固。在授予N.B出版特权的同时，政府也任命枢密院官员科廷顿负责审查每期新闻书。作为一名老外交官，科廷顿熟知大陆各国政治，凡是报道欧洲新闻的新闻书都必须先经他审查。科廷顿会毫不客气地删除所有可能会引起争议的新闻报道；此外，他也不允许新闻书报道任何有关英国国内的新闻。

实际上，由于英国政府禁止报道英国本国新闻，之前从荷兰进口的科兰特在选择新闻时也都小心翼翼。威塞勒的"科兰特"删除了原荷兰报纸上所有关于英国的新闻，包括有关詹姆斯一世对外政策的报道。

英国新闻书的消息通常来自荷兰及德国的报纸，有时也会摘抄手写新闻信上的消息。新闻书的信息来源如此庞杂，专人整理就显得很有必要。最初，出版商身兼双职，既负责出版又负责信息的整理编辑，但也不会感到吃力。实际上，这些新闻在送交出版之时已经基本按类整理好了。出版商的任务只是在总体上把关，检查一下有无违背检查制度、不适合出版的新闻，重新编写新闻只是偶尔为之。这种情况一直延续到1622年10月。

从1622年10月中旬开始，英国新闻书在出版的连续性及间隔时间等方面都更加规律了。新闻书连续编号，大约每周出版。这在

出版于1619年的英国早期新闻书《来自荷兰的新闻》

以前是不可想象的。这要归功于英国五位新闻书出版商的联合,这个联合出版组织甚至获得了国王授予的出版特权。据说,巴特就是这个联合组织的领导者。与之前的新闻书相比,出版商的联合凸显了编辑的职能。托马斯·根斯弗特称得上是英国新闻书的编辑之祖。根斯弗特是一个引人注目的好莱坞明星似的人物,他曾当过军官,与巴特也很熟。

根斯弗特的编辑工作富有创见而且更加专业。在信息的搜集及选择上,根斯弗特远比出版商做得好,经他编辑的报纸,逻辑清晰了,连贯性增强了,叙述也更加有条理了。根斯弗特是一位真诚的编辑。除了注重消息来源的多样性,他还十分注意小心区分真假信息,并尽力向读者解释。尽管如此,新闻书的内容还是不可避免地流于零散,流于肤浅。偶尔会有一条有启发性的新闻灵光一闪,但绝大多数新闻都流于普通。

在连续出版了七种观点温和的科兰特之后,N.B的出版活动一度陷于沉寂达两三个月之久。1622年5月23日,伯恩又与阿切尔合作创办了一份名字冗长的"新闻书":《来自意大利、德意志、匈牙利、波兰、波希米亚宫廷、法兰西和低地国家的每周新闻》，后人通常简称为《每周新闻》。《每周新闻》每期20页，每五天或七天出版。在新闻的选择上，《每周新闻》自然也严格遵守政府规定，只报道国外新闻，刊登国外战事消息。阿切尔以入狱为代价创办的"科兰特"如今早已无迹可寻，《每周新闻》是唯一一份保存至今的英国早期"新闻书"，是英国报纸"真正的先驱"。

1624年，伯恩与巴特合作出版《本周特讯》，也称《每周新闻》，共定期连续出版了23期。为了与1622年创办的《每周新闻》相区别，人们一般把1624年出版的《每周新闻》称为《每周新闻续编》。《每周新闻续编》吸引了大量模仿者，但大部分模仿者都是短命鬼。创办当年，《每周新闻续编》上刊登了一则地图广告，这可能是英文报刊登载的第一则广告。一个月后，《每周新闻续编》又登载了一条图书广告，介绍一本关于两种荷兰库朗特舞的书。

除了报道战事进展，英国早期新闻书还打造出了耀眼的"媒介明星"。在新闻书连续不断的"炒作"下，在三十年战争中为新教而战的德国雇佣兵康特·恩斯特·曼斯菲尔德在英国成为家喻

《每周新闻》

户晓的"明星"。1624年,曼斯菲尔德访问伦敦,欢呼的人群尾随其后,为他呐喊祝福。

1625年,阿切尔退出了出版商联合组织,单独出版《英国信使》。在刊名上,阿切尔的《英国信使》很明显是模仿德国的《法比信使》。《英国信使》也是英国第一份有正式刊名的新闻出版物。

1630年,出版商巴特与伯恩的出版事业达到巅峰。巴特与伯恩获得了王室的印刷执照,以"每年支付10磅维修圣保罗大教堂"为代价获准专营印刷国外新闻。圣保罗大教堂的正厅也成了人们打探最新消息的固定场所。1630年出版的一份科兰特称"圣保罗市的闲逛者"是"最伟大的新闻传播者"。

但由于处于国王特权控制之下,巴特与伯恩享有的出版自由有限而又不稳定。1632年10月,枢密院指责伯恩与巴特滥用国王特权,违禁偷运小册子及报纸。祸不单行,由于巴特曾公开发表过反对西班牙哈布斯堡王朝的言论,同年,西班牙大使以巴特与

圣保罗大教堂

伯恩的报道失实为由，对他们的报道提出抗议。枢密院很快撤销了伯恩与巴特的特权，星法庭还就此发布公告："禁止出版所有刊登国外消息的报纸与小册子"，进一步加强对国外新闻的封锁。巴特与伯恩的印刷所随即被查封。政府蛮横地强调：现存科兰特上任何有关三十年战争的报道都是对王室中立政策的批评，禁止刊登。

除了政府的压制，尚处幼年的新闻出版业还要面对来自各方的讥嘲。巴特一度成为评论家取笑的对象。有人暗示巴特的出版物是弄脏公共邮政及教会大门的"面糊"。还有人借用巴特早期发行的小册子《伦敦挥霍者》中的场景嘲弄巴特。在一出名为《新闻批发栈》的戏剧中，巴特又被说成是一个"铜钹"，是"新闻代理处的头领"。这出戏剧的作者还借剧中人物揶揄科兰特报道失实："那些每周定时出现在市面上的新闻小册子，没有一言半语是失真的。"这句话虽然说的有点言过其实，但不得不承认，这位作者对当时新闻业的观察还是有一定准确性的。当时，有组织的新闻商贩手里掌握着来自国内、国外的各种新闻，他们不仅向巴特、伯恩这样的出版商提供新闻，他们还是手写新闻信的信息来源。尽管"全社会的人都渴望新闻"，但在有些人看来：渴望新闻的人是傻子，提供新闻的人则是骗子、撒谎者。但是所有这些批评的声音反而说明在那个年代，新闻业的这些先驱已经变得不容忽视。

巴特出版的读物五花八门，从笑话书《坎特伯雷的补鞋匠》（1608）到宗教读物《原始偶像崇拜》（1624）；从新闻出版物《来自荷兰与瑞典的新闻》再到论辩文章不一而足。1642年，巴特在新闻界销声匿迹。1664年巴特去世，他的讣告相当简单："巴特，老出版商，死于贫困。"

星法庭与早期格拉布街

1637年，在一间房顶用镀金的星星装饰的大厅内，清教长老会派小册子作者威廉·普林、神学家亨利·伯顿以及医生约翰·巴斯特维克正在接受审判。这间坐落于威斯敏斯特宫的大厅实际上就是都铎王朝的著名君主伊丽莎白一世设立的特权法庭，因其房顶用镀金的星星装饰而得名"星法庭"（Star Chamber）。此次受审的三个被告有一个共同的罪名："诽谤大主教。"

对三个被告的审判按程序进行：首先，宣读被告的作品；其次，被告答复法官的提问；接着，被告提出为自己申辩的诉状；最后，三被告被法官按照"未否认或未提出答复就可以认为是真实的"这一原则进行审判。星法庭的审判程序初看上去似乎并不存在太大的问题，但实际上，在宣读被告的作品之前，这些作品就早已被确定是有罪的；在被告答复法官提问的环节，被告的自述是不被允许的；在被告为自己申辩的诉状中，则充斥着指责大主教和其他主教篡夺国王陛下的特权的内容；最后也是最关键的则是法官的审判原则：对被告的定罪并不是依据事实真相，而仅仅凭借法官自己的判断。倔强的普林对审判的有关规程表示不满，他首先提出重新考虑申诉状，但被拒绝；他又反对那些自认为受到了攻击的主教们出席法官席，但又被拒绝。审判结束，依据判词，三被告均被处以罚款、受体罚、永久监禁并且不允许接触任何写作材料。

星法庭的这次审判不禁令人心生疑虑：难道星法庭对有关诽谤罪的诉讼程序不是为了保护清白，而是为定罪而设计？无论起诉或定罪陪审团在整个审理过程中都是可有可无,无关紧要?

事实的确像我们所怀疑的那样。在此,我们需要先了解一下什么是所谓的"煽动诽谤罪"。煽动诽谤罪的起源可以追溯到中世纪法令对辱及权贵的中伤性言论的规定,经过长期修订,演化成16世纪的煽动诽谤罪。16世纪末和17世纪初星法庭就以煽动诽谤罪审判过许多出版商。1606年,星法庭给诽谤罪做出了四条规定:1.诽谤一个普通人是刑事犯罪;2.被中伤者尽管已故,中伤者的诽谤罪仍然成立;3.可根据普通法或由星法庭提出起诉;4.真相并不重要。在这四条中,最重要的是第四条,它点出了设立诽谤罪的真正目的——澄清事实无关紧要,要紧的是惩治"传播流言者";传播的方式即写作和印刷就是起诉的主要依据;受国王特权支持的诽谤罪案的审理不受普通法约束;星法庭也并不遵循不能强迫被告认罪的规定。实际上,在星法庭的审判历史上,对犯有所谓"煽动诽谤罪"的案犯的处置一直都延续着上述原则。对普林等三个被告的此次审判只是延续了星法庭的一贯作风。星法庭曾借着所谓"煽动诽谤罪"的罪名及其审判规程惩治过英国的许多报业先驱,很多小册子作者及出版商都曾受到过这个机构的传讯、审问甚至监禁。

对于向往政治及宗教自由,热心撰写政论性小册子的清教徒普林等人而言,星法庭就是他们的地狱。星法庭直接受国王的特权控制,而在1625年继位的查理一世看来,各种印刷出版物尤其是"胆大妄为"的清教徒所出版的刊物是不服管教、肆无忌惮的典型。清教徒所谓何人?他们的出版物又怎么会不服从管教?在此,我们简单介绍一下清教徒的来历。对英国史稍有常识的读者或许还记得英国国王亨利八世在16世纪掀起的英国宗教改革。1527年,尚无男性子嗣的亨利八世向罗马教皇提出离婚申请,请求与王后凯瑟琳离婚。等待六年后无果,不耐烦的亨利八世干脆于1533年自行宣布解除与王后的婚约,与新欢——王后的侍女安妮·博林——结婚。亨利八世此举激怒了教皇,要知道,在天主教一统欧洲的时代,教权是凌驾与君权之上的。亨利八世的举动显然是对教权的藐视。教皇岂能容忍,他随即开除了亨利八世的教籍。不甘示弱的亨利八世则顺势与教皇决裂,宣布自己就是英国国教会的最高首脑,并在一定程度上简化了此前烦琐的宗教仪式。这就是英国的宗教改革。由于英国宗教改革并不彻底,于是便又有一些教徒要求进一步净化英国国教,这些人便被称为"清教徒"。清教徒出版的小册子要么攻击英国国教会,大肆宣传清教教义,维护清教长老制;要么攻击舞台戏剧、异性集体舞蹈及蓄长发等清教徒深恶痛绝的"不良习俗"。因此,在当权者眼中,这些出版物便是不服从管教的典型。1633年,查理一世任命的劳德大主教走马上任后对清教徒更加严苛,继1625年发表公告,禁止讨论国教会教义;1629年发表宣言,限制清教传教士的活动之后,劳德又于1633年直接禁止清教传教士的活动,严惩散布"诽谤性言论"的清教宣传者,并大力查禁这些"煽动诽谤出版物"。在劳德的授意下,星法庭及高等法院也更加严厉地对待宗教"异端"。

普林、伯顿及巴斯特维克三人都不是第一次因犯"诽谤罪"而光顾星法庭,他们算得上是这里的常客;而在星法庭的主人眼中,这三人则是"惯犯",曾多次接受惩罚但却屡教不改。医生巴斯特维克早在1623年就曾撰写小册子攻击教皇的至尊地位,维护长老制。1633年,巴斯特维克又在尼德兰刊印了两篇拉丁文论文，结果被英国主教看成是对他们的攻击，被处以罚款、革除教籍、禁止行医、烧毁著作等惩罚，并被投入监狱。在监狱中，"不思悔改"的巴斯特维克仍继续出版图书，抨击宗教会议，指责主教为上帝的敌人、"野兽的尾巴"。星法庭因此以"诽谤罪"判处巴斯特维克戴枷割耳，罚款5000磅，终身囚禁于

约翰·巴斯特维克

锡利岛。伯顿则于1626年被星法庭放逐，仅仅是因为他被怀疑有拥护天主教制度的倾向。

作为三人中最年轻的被告，普林曾在1633年因出版小册子《演员的悲剧》而被政府拘捕，罚款5000磅，失去了一只耳朵。这也仅仅是因为普林在《演员的悲剧》中按照一名清教徒的原则抨击了舞台戏剧、异性集体舞蹈、黄色图片及蓄长发等清教徒坚决摒弃的不良习俗。这次，普林又得到了"特别关照"，他的双颊都被烙上了"SL"（seditious libeller，煽动诽谤者的英文缩写）字母，残存的另一只耳朵也被割掉。为遮羞，普林不得不蓄起了自己此前攻击过的长发。

经过此次不公平的审判，法官最终判决这三人枷刑示众，割去耳朵，罚款5000磅，终身监禁，并不准接触任何写作材料。

(上)亨利·伯顿
(下)普林

判决执行当天正好是公共假日,这也是判决者为了让围观者"对犯罪的后果留下深刻的印象"而有意安排的。然而出乎审判官意料的是,三人同时受到了群众的欢呼。巴斯特维克大声疾呼:"如果我的血能使泰晤士河上涨,我将为此洒尽每一滴血。"普林也热情洋溢地在围观的群众中散播"煽动性"言论:"我们今天是为了大家的幸福和所有人的自由,才把我们的自由交给这场事业。你们若是知道你们的自由被人侵犯得多深,若知道你们被抛进了什么时代,你们就会看看四面,你们就会知道你们的自由可以合法地伸展到什么地方,并维护自由。"

普林掷地有声的话还在耳边回旋,几个月后,又有一名小册子作者科尔伯恩以同样的罪名——"诽谤大主教"——受到严厉惩罚。戴着颈手枷的科尔伯恩被绑在一辆车后,沿威斯敏斯特大街拖行。一路上,科尔伯恩仍然无畏地向群众宣讲。监刑官用东西塞住科尔伯恩的嘴,科尔伯恩随即从衣袋里取出几本小册子抛给围观的群众。监刑官又捆上了科尔伯恩的手。围观的群众最终被科尔伯恩的毅力打动,人们凝视着科尔伯恩,现场一片静寂,人们久久不肯散去。

在政府的高压政策之下,印刷商们一边逃避政府监管和惩处,一边仍想方设法抢先发布各类消息。仿佛在一夜之间,大量新闻书、未获政府许可的出版物在各地涌现出来。正如法国历史学家基佐所描述的:"英格兰在1636年间,小册子满天飞,他们反对宠信天主教徒,反对宫廷的一片混乱,特别是反对劳德与主教们的独裁苛政。星法庭严惩这样的小册子的出版已经不止一次,可是现在小册子比以前任何时代都多,都十分激烈,传播得十分广泛,人们还急于先

威廉·普林等人受枷刑场景

睹为快……大胆的走私者从荷兰运来成千上万的小册子，大发其财。"荷兰人冯·特就是很有名的一位科兰特走私商。

家门口的生意眼睁睁地被外人抢走，获得国王特许印刷、销售科兰特的英国国内出版商N.B（巴特与伯恩）实在是心有不甘。他们屡屡提出申请，请求星法庭网开一面，允许他们重操老本行，出版新闻书。巴特与伯恩甚至尝试贿赂国务大臣，但均无功而返。

就在英国国内新闻书印刷业顾忌星法庭禁令而呈万马齐喑之势的当口，一份名为《见载于〈每周新闻〉的外国大事摘要》的新闻摘要性质的小册子却躲过了审查，继续发行。这份小册子每半年一期，由一个名叫威廉·瓦茨的人编撰。瓦茨是剑桥大学的一名教师，一个学究气的国教徒。据说瓦茨与王室的关系也非比寻常，曾担任查理一世的专职神父。在第一期的序言中，瓦茨写道：

> 尊敬的读者，……情报员'科兰特'已经沉默了很长时间，当局如今再次给予其发言机会，我们首先为您报道一些几个月前的事……

实际上，瓦茨编纂的这份刊物出版于1632年1月，巴特与伯恩是其真正的老板。星法庭的禁令一出，巴特与伯恩苦苦寻找重操旧业的机会而不得，只能暂且安于经营这份摘要。《见载于〈每周新闻〉的外国大事摘要》每半年一期，共出版了13期，每期都有100页之多，而且只刊登翻译新闻，报道有关欧洲大陆的消息。由于事先要经过政府审批，深入评论时事更是无从谈起。实际上，由于星法庭严禁报道国内新闻，所有的"新闻书"都小心翼翼。所有的刊物都只报道国外消息。任何违背禁令的出版商都会受到严厉的惩罚。

就这样，直到1638年12月20日，英国再没有一份新闻书获准出版。也是在这一年，巴特与伯恩"故伎重施"，通过贿赂官员、承诺每年交付10磅维修圣保罗大教堂，他们重获出版新闻书的授权。虽然获得了法律上的出版专有权，但巴特与伯恩仍需陪着小心。他们两人能在1637年星法庭新法令的羽翼下免于与国外及国内其他出版商竞争，但与此同时，他们也不得不面对现实：所有出版物都要预先接受审查，包括新闻书；任何有违法令者，严加惩处。

除了星法庭的压制，出版特许制也引起了出版业局势的紧张。作为国王特许的出版机构，皇家特许出版公司的成员也有等级之分。特许出版公司中既有大印刷业主，也有小学徒。这些大印刷业主们一般拥有多台印刷机或多家印刷所，从他们当中可选举产生书商公会管理机构的成员及负责人，可谓财大气粗。地位低下的小学徒们则受雇于这些印刷业主，他们至少要签订七年的契约。契约期满后，学徒就可成为公司内的自由人。自由人没有契约，但要想自己出版书籍，却也极为困难。由于出版业已为少数大业主所垄断，他们中的大多数人要么以最低工资为大业主卖命，要么铤而走险，印刷违禁品或属于大业主特权的书籍。由此可以看出，在17世纪的伦敦，一方面，国王及星法庭庇护着一部分享有特权的印刷商，控制着新闻出版业；另一方面，在政府的严格管制下，很多渴望拥有自己的一间印刷所的熟练技工及学徒却看不到一丝希望。

但不享有特权的印刷商们绝不愿坐以待毙，他们巧妙地躲避着政府的检查。有的采取伪装措施，在书名页上印上假的准印许可及姓名地址；还有的印刷商先让书的正文通过检查，然后再插入献辞、前言,有的则干脆将通过检查的印本书重印,在重印时加入新内容。这些没有获得政府出版许可的印刷商选择了格拉布街及周边地区存放这些秘密印行的出版物。

在17世纪30年代左右,为逃避检查,印刷商们只是把格拉布街当作暂时的避难所。但这里房租低廉,位置隐蔽,恰恰是这些印刷商理想的久居之地。于是,这些避难者干脆把印刷所迁到格拉布街,格拉布街逐渐变成了他们聚居的大本营。英国革命期间,革命派与保王派唇枪舌战、你来我往,好不热闹。火热的舆论攻势造就了更多的小册子,也吸引了更多的印刷商来到格拉布街安家落户,格拉布街渐渐变成了英国出版业的中心。

从17世纪30年代起,生活困顿的作家、新闻记者也从各地源源不断地来到格拉布街。对他们而言,除了这里廉价的房租,大城

格拉布街的一处房屋

市伦敦看似俯拾皆是的成功机会才是更大的诱惑。

初来乍到的人们无以为生,只能租住在格拉布街的阁楼上,干一些编写目录、校对文稿、编撰字典及翻译并创作应景诗歌的苦差事。久而久之,这些聚集在格拉布街的贫困作家、新闻记者及印刷商就变成了人们口中的格拉布街文人(GrubStreet Literature)。格拉布街文人既没有固定的个人收入,也没有富裕的赞助人支持,他们为生计写作。

住在格拉布街的穷诗人

英国史学家马考莱描绘了格拉布街文人窘迫困顿的生活境遇:"住在有八级台阶的阁楼上……为赚取那一点点少得可怜的工资每天工作10小时;在经常光顾的乞丐聚集区被狱警抓获,从格拉布街到圣乔治菲尔德,从圣乔治菲尔德到圣马丁教堂后面的小巷;7月,我与大伙睡大通铺,12月,我在温室的灰烬中安睡,我死在医院,埋葬在教区的地窖"。

格拉布街文人煮字疗饥,生活困顿,但正是他们演绎了英国新闻史上波澜壮阔的一幕一幕,并为17、18世纪的英国人打开了了解本国政治的窗口,铺设了公众舆论参与国家政治生活的平台。格拉布街文人为英国新闻业的发展做出了重要贡献,是英国新闻史不可分割的一部分。

克伦威尔驱散长期议会

革命不仅意味着双方你来我往的暴力厮杀以及各种血腥场景,除了我们所熟知的沙场上双方硝烟弥漫的角力,另一个战场上的决斗虽不见硝烟但同样火药味十足,这就是对立双方在意识形态领域拉开的宣传战役。在风云激荡的英国资产阶级革命岁月里,格拉布街就曾上演了一场革命与反革命双方在意识形态领域的殊死对决。

革命与"信使" 第二章

吹响革命的号角

英国伦敦,坐落在泰晤士河西岸的威斯敏斯特宫庄重典雅。时值1640年11月3日的深秋,雾气从河面升起,弥漫开去。确切地说,升腾、弥漫的不是雾气而是杀气,就在这里,议会下院议员中以皮姆、汉普顿、马尔腾等人为代表的共和派与国王查理一世的专制王权的斗争,从这天起进入白热化。

刚愎自用的查理一世终于在解散议会11年后再度召集议会。查理一世本想让议会通过他讨伐苏格兰的经费筹集方案。在这之前,由于查理一世强令苏格兰民众改变他们多年的宗教信仰,独尊英国国教,激起了苏格兰人的强烈反抗。想不到议会开会不久,皮姆等议员就提出要起诉查理一世的宠臣斯特拉福伯爵。

当时英国议会中的上院,百余名议员都是贵族。下院里,代表新兴资产阶级利益的皮姆等议员才七十多位,在下院五百多位议员中只占少数,但是这些共和派议员却得到伦敦民众的支持。成千上万名民众,将要求惩处查理一世的宠臣、政府首脑人物斯特拉福伯爵的请愿书递交下院。下院以绝对多数票通过了判处斯特拉福伯爵死刑的提案。提案送达上院,贵族议员傲慢地拒绝讨论:"就这样判处一位大臣死刑,有悖于我们贵族的高贵精神。"

可是神色紧张的门卫报告:"宫门已被无数市民包围。那些人狂热地高呼'制裁、制裁'的口号呢!"

"不得了了!那些粗野的人竟然拦住我的马车,质问我是否投票赞成处死斯特拉福伯爵。他们还说如果我反对,今晚就捣毁我的住所……"一个满脸惊慌的议员进门后,气喘吁吁地说道。

整整两天，伦敦市民上街游行，齐声痛骂拒绝处死斯特拉福伯爵的议员是"卖国贼"！所有的店铺都关了门。民众的压力终于灭掉了上院的气焰。但是，投票赞成处死斯特拉福伯爵的议会提案，必须经过国王签署。查理一世当然要拯救自己的宠臣。于是，民众又涌向王室当时居住的白厅，一拨一拨衣着破旧的平民涌进宫廷花园。王后、公主们吓得手脚发软。于是，国王被迫让步。

　　在民众力量的推动下，共和派议员皮姆等人又通过议会，相继逼查理一世签署了好几项抑制王权、有利于新兴资产阶级发展的提案。其中不仅有规定议会必须定期召开，两届议会相隔时间不得超过三年的"三年法案"及不经议会同意，国王不得下令解散议会之外，议会还要求国王取消多个封建王权的特权机构，其中就包括国王用来压制出版业的特权法庭——星法庭。就这样，这次从1640年11月3日起召集的议会，断断续续一直存在到1653年，被后世称为"长期议会"。"长期议会"的召开不仅吹响了英国资产阶级革命开始的号角，也由此揭开了英国新闻出版业变革的序幕。

《议会纪闻》与短暂的出版自由

　　威斯敏斯特宫的议会大厅，议员们正紧张激烈地讨论着"长期议会"拟定的《大抗议书》，议员们的神情都显得十分激动。《大抗议书》列举了查理一世过去长期不召集议会、滥用权力的一系列行为，包括滥用星法庭的权力审判出版商等共204项。尽管《大抗议书》用词讲究，语气恭顺，处处充斥对国王感恩戴德的词语，但是，在议会讨论《大抗议书》时却横生风波，议会内占大多数的贵族议员，亲眼目睹共和派议员由于得到广大民众的支持，一次次逼得国王让步，因此兔死狐悲，深感民众力量的可怕，担心自己的贵族权益也会丧失，便阻挠《大抗议书》顺利通过。从1641年10月20日起到11月22日，《大抗议书》的讨论足足花了一个月时间，八易其稿，还是无法通过。11月22日表决那天，从下午起直到黄昏，议员们一直争论不休。某些情绪激烈的贵族居然取下帽子，拔出佩剑砍向地面，表示反对。

就在议员们情绪紧张地讨论是否要通过《大抗议书》之时，在议会大厅的一个不起眼的洞里蜷缩着一个神色紧张而专注的人正忙碌地在一个本子上写着什么。这个人面庞清瘦，目光犀利，长着一个大而弯的鹰钩鼻子、秃鹰脑袋，令人过目难忘，他躲在这个洞里不为别的，而是偷听议员们的发言，为他所供职的《议会纪闻》提供新闻稿件，也就是我们现在所说的采编新闻，他就是被后人称为英国记者第一人的塞谬尔·波克。

波克时任《议会纪闻》的记者兼主编。11月22日午夜，当议会以11票的微弱多数通过对"大抗议"的表决之后，波克随即与小册子出版商约翰·托马斯联合，他们抓住时机，在"大抗议"表决通过的当天抢先出版《议会纪闻》。一经问世，《议会纪闻》便受到读者追捧，这份经议会批准，专门报道议会新闻的报纸首次打破了英国政府长期不允许格拉布街报道国内新闻的禁令。

《议会纪闻》的创刊不仅显示了波克与托马斯敏锐的商业眼

光，也反映了革命后英国出版业形势的变化。自1641年10月议会开始讨论《大抗议书》开始，托马斯便注意到英国国内舆论的焦点一下子全集中到了议会，议会新闻成为最受市民们关注的新闻。此时，托马斯便跃跃欲试准备创办一份刊载议会新闻的刊物。而在此之前，由于查理一世已经批准撤销星法庭与高等法院，曾经严格执行的书刊审查制度也开始松动了。失去了星法庭的保护，皇家特许出版公司也名存实亡。1641年至1642年，如雨后春笋，英国涌现出一批小册子，这些小册子享受充分的自由，随便流通。

除了得益于当时有利的社会形势，《议会纪闻》的成功与波克的努力是分不开的。这个面庞清瘦、目光犀利的记者，除了长相奇特，其从业经历也十分丰富。波克当过书商，干过抄写员、文书，还当过每周赚15先令的手写新闻信编辑。但据波克的一个朋友透露：由于波克有同性恋倾向，每周赚15先令对他这样一个同性恋单身汉而言远远不够，因此，波克后来又转行当了记者。

与之前新闻书的编者不同，波克并没有局限于翻译来自欧洲大陆的报纸，而是利用担任下院印刷所所长之便，亲自打探各种消息。前面我们提到波克躲在威斯敏斯特议会大厅的一个洞里偷听议员们的发言只是他打探消息的渠道之一。据说，波克还拥有多位情报员，在深夜准能碰到他跟他的女情报员在一起。

《议会纪闻》不仅受到关注议会议程的普通读者的欢迎，查理一世也是它的一个热心读者。但阅读波克的报道并未令国王感到不安。波克的报道以客观著称，国内政治局势的紧张似乎并没有把波克裹挟进来。波克一直致力于不掺杂个人感情地、客观地报道新闻。

虽然波克的客观报道值得肯定，但不得不承认的是，《议会纪闻》的内容也因此显得千篇一律，十分枯燥。在波克等报刊编辑们的眼中，重大新闻与微不足道的新闻似乎没有什么区别，在报道时没必要加以区分，更不用说挖掘新闻表象背后的深层新闻。尽管存在种种不足，波克还是称得上首位真正意义上的英国记者。

《议会进程日报》

《议会纪闻》的热销及丰厚的利润很快就引来了其他的出版商争相模仿。两周后，一份名为《议会进程日报》的报纸的问世打破了《议会纪闻》一枝独秀的局面。虽然使用了"日报"一词，但《议会进程日报》也并非每日出版，而是逐日记载议会消息，每隔一周或者10天出版，改进了报道方式。与《议会纪闻》一样，《议会进程日报》在报道时也力争保持客观，在议会与国王之间，尽力保持中立。

《议会进程日报》问世后不久，市面上的盗版现象越来越严重，伦敦街头先后有七种盗版的《议会进程日报》在售卖。无奈的《议会进程日报》不得不在1642年12月26日至1643年1月2日连续刊登启事，声明其权威性："亲爱的读者，留心今天出版的一种假冒、诽谤的日报，这种日报模仿我们的读物，实际上出自一群唯利是图的格拉布街家伙之手。"

革命打破了王权的桎梏，新闻出版物的数量激增，据英国博物馆的收藏统计显示：1641年仅有4种新闻出版物，到1645年，这一数字猛增到了722种。对于出版界的混乱局面，议会表现出了强烈的不满。继1641年3月开列了非法印刷商的名单之后，当年10月，上院又相继出台了几个控制印刷业、镇压印刷违禁图书的出版商的方案。1642年，上下两院联合指定的特别委员会更是发布命令告诫众人：任何人均不得出版诽谤性小册子和议会两院的议事录，重新授予书商公会搜查和没收非法出版物的权力。尽管议会想方设法想要加强对出版业的控制，但随着英国政局的发展，当局压制出版自由的企图，也遭到了有力的反抗，"令行不止"的现象比比皆是。政论性小册子、日报及新闻书并没有慑于1642年法令的压力而削减其出版势头。随着革命形势的发展，在对立的两大阵营中，代表国王的保王派也不遗余力地利用出版物发动对议会的攻击，其中尤数《宫廷信使》最为卖力。

革命与"信使"

1643年1月的一个寒冷冬日，牛津大学奥里尔学院，一辆马车正停在院内一角，几个壮汉进进出出装卸着货物。不一会，装车完毕，一个中等身材、瞪眼扬眉的男人走到马车旁，与赶车人耳语几句。赶车人点头应承，随即扬鞭策马，扬长而去。

这辆绝尘而去的马车上装载的不是普通货物，而是几箱肩负政治使命的报纸；这个身材中等的男人也并非普通人，他叫约翰·伯肯海德，是牛津大学的一名教师，保王派成员，也是赫赫有名的劳德大主教的前私人秘书。这几个人辛苦忙碌是要把这些报纸秘密运往伦敦，为斯图亚特王朝的落魄国王查理一世宣传造势，争取民意。

尽管国王查理一世此时已偕同保王派贵族们逃离首都伦敦，但他对伦敦的舆论形势依然十分关注。但对查理一世这个一国之君而言，此时的舆论对他十分不利，甚至可以说是糟透了。在查理离开伦敦之前，伦敦的大多数报纸尚能站在中立的立场上客观地报道新闻。但随着查理的离开，随着早在内战之前就已经形成的两个对立的派别——议会派与保王派——在战场上兵戎相见，格拉布街文人很快就因持论的不同而产生裂隙。伦敦的报纸派性明显增强，最终也分化为支持议会的革命派刊物与支持国王的保王派刊物。这两大

图为漫画家笔下描绘的"保王派"与"议会派"之间对立的场面：画中左边蓄长发者为"保王派"成员，右边蓄短发者为"议会派"成员，双方都在指挥各自的狗来攻击对方。有意思的是，双方不仅自身在外形上迥然相异，他们各自所牵的狗也特征鲜明，在外形上与主人保持一致，读之令人忍俊不禁

阵营针锋相对,一场虽没有硝烟,但却异常激烈的战斗很快打响了。到1642年末,伦敦几乎所有的报纸都倾向议会派。社会舆论对议会十分有利。伦敦的大多数报纸纷纷站在议会的立场上,对保王党极尽嘲讽。出版物上频频出现诸如"邪恶、不忠的党派"、"血腥骑士"及"邪恶派别"等贬损国王追随者的词,这些词几乎成了"保王党"的同义词。

遗憾的是,这种对议会有利的舆论形势并没有持续太久。1643年1月1日,在保王党的大本营牛津,诞生了一份名为《牛津日报》的刊物。第二周,《牛津日报》改名为《宫廷信使》。从一开始,《宫廷信使》就显得与众不同。就出版地而言,《宫廷信使》在牛津而非伦敦出版;从出版时间上看,《宫廷信使》第一期问世的1月1日刚好是星期日。这两个看似并不相关的细节实际上却有着内在的联系。牛津此时是保王党的基地,在牛津出版,而且由保王党成员约翰·伯肯海德主办,《宫廷信使》自然是一份反议会刊物;特意安排在周日出版则是伯肯海德在有意嘲讽革命派中的清教徒周日不工作的习惯。

《宫廷信使》创刊后,伯肯海德站在保王党的立场上,在民众中大力宣扬党派观点,争取舆论

《宫廷信使》

《公民信使》

支持。除了《宫廷信使》,保王党阵营内还有《神圣帝国信使》、《公民信使》及《学院信使》等多位"信使"。这些刊物多在封面上刊印国王、王后的肖像,并在刊名下附上"伦敦情报员"的字样。针对革命派的宣传,保王党的众位"信使"发起了猛烈反攻,其中尤属《宫廷信使》力度最大。

自创刊之日起,《宫廷信使》就致力于攻击议会派,包括支持议会的记者。为加强舆论攻势,抢占舆论高地,大胆且自信的伯肯海德一改此前的刊物连篇累牍地报道议会新闻的一贯做法,采用一种全新的报道方式。伯肯海德把每天的报道分成三部分,第一是新闻本身,第二是他对新闻的评论,第三则是他对革命派刊物相关报道的驳斥。由于内容繁多,《宫廷信使》大大突破了普通刊物8页的篇幅,常常达12页之多。

在选择新闻时,伯肯海德也显得驾轻就熟。讲述有关议会军的"恐怖故事"是伯肯海德擅长的项目,《宫廷信使》经常爆料,栩栩如生地描述议会军的暴行,令读者读之仿佛产生身临其境之感。《宫廷信使》问世后的第一个月,伯肯海德绘声绘色地披露了"反叛者"绑架王后、谋杀国王查理的"邪恶阴谋"。此外,伯肯海德还擅长利用民众对国王的敬畏之情,大肆渲染"反叛者"的嗜杀行为及其低下的出身。伯肯海德一直试图向公众表明：反对国王的革命派领导人物都是些出身低贱、没有头脑的货色，他们"很容易被好战而又亵渎神明的新教徒误导"。

伯肯海德还主动承担起革命派报纸的"校对"工作。内战初期的战场上，议会军接连失利，而革命派刊物却不惜歪曲事实，捏造虚假胜利信息。例如，在保王军将领霍普顿率军成功攻占查德雷（位于英国西南部城市埃克赛特）一战中，革命派刊物就伪称议会军守城成功，保王军失利。堪称"英国诗歌之父"的保王派作家约翰·德纳姆爵士曾在《西部奇迹》中讽刺了革命派刊物有关此战的报道：

> 难道你不知道在两星期之前，
> 他们（革命派刊物）是如何创造了一个西部奇迹？
> 110个人战胜了5000人，
> 在闪电与霹雷的帮助下，
> 在那里，霍普顿一次又一次遭到屠杀。
> 也许我的作者的确撒了谎
> 给那些尚且活着的死者一个新的感恩节，
> 感谢上帝，感谢查德雷。

与德纳姆爵士一样，伯肯海德也"主动"承担起给革命派报纸挑错的任务，他抓住革命派刊物上出现的事实性错误，不遗余力地加以嘲讽，并大做文章，恶毒地攻击议会领袖，丝毫不吝惜时间、精力。

除了贬损革命派，报道有关革命派的负面新闻，伯肯海德也绝不放过任何一条有利于保王党的新闻，保王军在军事上的哪怕一次极小的胜利，伯肯海德也要大肆吹嘘一番。考虑到人们对国王查理一家动向的关注，伯肯海德就想法设法报道有关王室的新闻。在伯肯海德看来，这些报道就是对保王党最有利的舆论支持。

令人感到不解的是，在《宫廷信使》创刊后的头三个月，伦敦的革命派刊物竟然对《宫廷信使》的报道采取了听之任之的态度。从4月开始，伦敦街头出现保王党分子零星重印的《宫廷信使》，从那时开始，伦敦的革命派刊物才开始反击《宫廷信使》。这些革命派刊物一改此前单调、枯燥、立场模糊的报道风格，转而模仿《宫廷信使》，以一种更加生动的方式报道新闻，尽管它们还远不及伯肯海德那么到位。尽管如此，伯肯海德仍然牢牢地占据着舆论宣传的高地，想方设法激怒革命派刊物。直到当年9月《宫廷信使》出版到第35期，伯肯海德才遇到了真正的对手——《英国信使》。

《英国信使》创刊于1643年8月，自创刊后，《英国信使》四分之三的篇幅都用于回复、诋毁《宫廷信使》，仅有四分之一的篇幅报道新闻。《英国信使》刊发的文章出言粗野、刻薄而且直言不讳，在风格上与《宫廷信使》非常接近。这正是《英国信使》想要达到的效果：以毒攻毒，迎战《宫廷信使》。这种犀利的风格也成就了《英国信使》骄人的销量。《英国信使》问世后，很快就成为伦敦卖得最好的革命派刊物。据估计，仅在伦敦一地，《英国信使》的销量就达500份。

《英国信使》之所以能与精明的伯肯海德一较高下，其撰稿人奈德海姆功不可没。与伯肯海德一样，奈德海姆也是革命时期的报坛名人。奈德海姆是一个瘦高个，长了一个大大的令人过目不忘的鹰钩鼻子，两只穿了洞还经常摇荡着两个耳环的耳朵——如果这两个耳环没有送去当铺的话。此外，"高而憔悴"的奈德海姆似乎"总是弯着腰，逃离着人们的视线"。与他特征鲜明的五官相比，奈德海姆"卑劣粗俗"的谈吐才真正令人难忘。在时人的笔下，这个1620年出生于牛津一个绅士之家、毕业于牛津大学、受过良好教育的臭名昭著的人生就一张"邪恶"的嘴，魔鬼曾用它对抗真理与上帝的思想。但流畅的语言与锐利的文风很快就使23岁开始涉足新闻业的奈德海姆成为《英国信使》的主力。

奈德海姆经常点名痛骂伯肯海德，并逐一批驳《宫廷信使》所刊登的对议会不利的故事。当《宫廷信使》关注下院议员数量少的情况时，《英国信使》就针锋相对地指出上院有18位议员，而下院则有160位议员；并反唇相讥地指出牛津议会简直是对代议制的嘲弄。《宫廷信使》刊登了一封来自议会军士兵妻子所写的读之令人感到痛苦的信件，《英国信使》就紧随其后刊登了一份来自保王党骑士的渎神的信。一年来，《英国信使》与《宫廷信使》你来我往，口诛笔伐，就像两个种子选手之间的一场网球赛，"绝不肯允许敌人方面占上风"。对大众而言，伯肯海德与奈德海姆之间无休止的论战在某种程度上简直是一场娱乐。

伯肯海德的措辞不久就激怒了议会，1643年，议会通过出版许可法令，取缔了《宫廷信使》。但几个月之后，《宫廷信使》又秘密在伦敦重印并继续发行一直到1645年9月停刊。不仅如此，这两份在革命期间诞生的报纸的命运也一直深受革命及战场形势的影响。1644年7月，在克伦威尔的议会军大败保王军、取得马斯顿荒原战役的胜利后，国王查理一世翻盘取胜的希望已经十分渺茫了。但就在半年前，伯肯海德还充满自信地预言保王党将取胜，伦敦的新闻书将成为历史。尽管表现得咄咄逼人，但伯肯海德内心的不安还是隐约可见：1644年1月，在固执地否认了牛津方面出现了意见分歧之后，伯肯海德也不得不把当年第二系列刊物的前六期由12页压缩为8页；从2月开始，伯肯海德还不得不逐月减少专门用于诋毁伦敦出版物的版面，增加直接支持保王党的版面；到了6月，伯肯海德两次直接出来辟谣，否认《宫廷信使》已停办或正苟延残喘的传言。

尽管伯肯海德竭力否认，但《宫廷信使》确实已经是"英雄暮年"，在查理一世于1644年6月离开其大本营牛津后，《宫廷信使》上刊登的新闻的连贯性日益降低，已无力与伦敦争夺新闻中心的地位。尽管已是"风烛残年"，《宫廷信使》仍不停地散播着争论的种子。谣言、奇闻、争论、真相，凡是伯肯海德能得到的消息，一切皆可为之所用。从表面上看，《宫廷信使》仍然雄伟壮观，但实际上，裂痕已经自内而外出现了。1645年，《宫廷信使》生命中的最后一年，它所刊登的有关牛津的新闻以及保王党的新闻已经乏善可陈。在伦敦，《宫廷信使》越来越少见，《英国信使》索性宣称六便士一份的《宫廷信使》已寿终正寝。1644年11月23日至12月29日，《宫廷信使》确实停刊了。1645年前四个月，《宫廷信使》每月也只出一期；6月，《宫廷信使》连续两期没有出版，对此，伯肯海德解释如下：

> 反叛者的新模范军迫使我们两期连在一起出。托马斯·费尔法克斯爵士、奥利弗·克伦威尔以及理查德·布朗都曾守在印刷所周围，直到他们离开后，《宫廷信使》才有可能获得少许情报。

但伯肯海德仍然"虚张声势"，他经常在版面上耍点小伎俩，比如把几期报纸的页码放在一起连续编号，以此表明不曾有过出版空档。但在保王党日薄西山之际，伯肯海德的做法已纯属徒劳，自身难保的《宫廷信使》也无力再为保王党挽回颓势。但在风格上，《宫廷信使》仍坚守阵地。1645年9月7日出版的最后一期《宫廷信使》与1643年1月的创刊号在风格上如出一辙。

与《宫廷信使》相反，从1645年春开始，《英国信使》的攻势，尤其是对国王查理的攻势则日渐猛烈、频繁。其中，《英国信使》在8月4日刊登的一篇题为《反对国王查理之呐喊》的文章最具有典型性。奈德海姆在文中大肆攻击查理一世，他写道：

> 在这四年里，恣意妄为的国王迷失了方向，与议会越来越远，但如果任何人都能带来任何一则有关国王的消息，比如黑心、血淋淋的双手、充斥着破碎誓约的心灵，那么你很快就会知道那是他；如果这些还不够，那么只要说说他的嘴就行。只要他开口说话（查理一世有些口吃），你就会知道是他。

奈德海姆此番"放肆"的言行立即激起了上院的反应。《英国信使》的印刷商罗伯特·怀特被捕入狱。紧接着，一直担任书报审查官罗瑟威尔的副手、专门负责审查《英国信使》的奥德利也被收押。奈德海姆自然难逃厄运，乖乖地等候裁决。最终，此事以奈德海姆的一篇低声下气向上院承认自己工作失职的致歉词而告终。

此后一年，在独立派的支持下，奈德海姆继续撰写《英国信使》，"胆大妄为"的作风丝毫未改。奈德海姆非但没有因上一次的教训而有所收敛，反而再次"越轨"。议会也不再容忍奈德海姆。1646年5月，议会以奈德海姆出版"挑拨两院关系的文章"为由将他逮捕入狱，而且禁止他以后撰写任何此类的小册子，还要承诺不再担任任何报纸的编辑。《英国信使》因此停刊。此后一年，奈德海姆专心经营药品生意，无心染指新闻业。《宫廷信使》与《英国信使》相继停刊后，伦敦新闻出版界暂时恢复了平静。

尽管缺乏坚定的立场，还经常扭曲报道新闻，但奈德海姆对英国早期新闻业的贡献还是值得肯定。《英国信使》所刊登的文章及其报道使格拉布街彰显了鲜明的个性，令人难忘。

护国主与出版检查制度

从1640年到1649年，随着革命形势的发展，格拉布街赢得了短暂的出版自由，与格拉布街的几位先驱——巴特、阿切尔以及伯恩——出版的新闻刊物相比，在1640年至1650年这10年间出版的新闻书无论在内容还是发行量上都取得了很大的进步。

首先,在新闻内容的选择上,这一时期出版的新闻书打破了此前不准报道国内新闻的禁令,国内新闻成为各家刊物关注的重点;其次,在价格上,这一时期的新闻书每份售价为1便士或2便士。由于售价低廉,很多人都买得起。一名木旋工在日记中写道:"我家周围这些每周刊登新闻的小册子真是一些贼,他们在不知不觉中偷走了我的钱,我却丝毫未察觉。"据估计,这一时期每种新闻书的平均印刷量约为500份,几乎是科兰特的两倍。而有些畅销的新闻书甚至能卖出1500份。英国民众在内战时期形成了牢固的购买消息的习惯。

这些新闻书通常由一些被人们称为墨丘利女神的女性小贩沿街兜售。在希腊神话中,墨丘利是宙斯与女神迈亚所生的儿子,在奥林匹斯山担任宙斯和诸神的使者和传译。墨丘利头戴一顶插有双翅的帽子,脚穿飞行鞋,手握魔杖,行走如飞,精力充沛,是宙斯最忠实的信使,为宙斯传送消息,并完成宙斯交给他的各种任务。墨丘利一词因此被后人引申出"信使"之意。英国内战时期,人们便借用墨丘利一词并稍加改造,用"墨丘利女神"来称呼那些贩卖新闻书、传播消息的小贩。绰号"议会琼"的伊丽莎白·奥金是最有名的一位墨丘利女神。表面上,奥金只是一个贩卖新闻书的穷女人;实际上,奥金自己也编撰、印行新闻书。《宫廷侦查员》就是她众多产品中的一种。

从标题上看,《宫廷侦查员》是一份典型的保王派刊物。奥金向顾客吹嘘:她的新闻书是在王室秘密印刷所印制的。这个广告引来很多人掏钱购买。回家后翻开报纸,读者们却大呼上当:除了对克

克伦威尔

伦威尔的赞扬,所谓的"王室信使"(《宫廷侦查员》的副标题)没有刊登任何其他内容。

革命打碎了王权的桎梏,议会在为之欢呼的同时,却也为随之而来的格拉布街的混乱局面感到恐慌,出现这种局面绝非议会的初衷。为控制出版业,议会于1643年6月通过了《出版许可法》,恢复了特许制度;同时还成立了出版检查委员会,用以强化议会对出版物的预先审查。但在动荡的革命年代,这些出版控制措施并没有取得预想的成效。只是在1649年英国成立共和国之后,政府对出版业的控制才达到了一个新的高度。

以克伦威尔为首的独立派1649年宣布英国成立共和国之后,议会曾先后颁布了一系列旨在限制任何反政府活动的出版管制法令,包括1649年1月至9月的军事管制、1649年9月20日发布并于1651年实施的出版法案、1653年1月7日的出版法案、1655年8月28日发布的出版令。

在议会发布的这些出版管制法令中,1649年9月20日通过的出版法案是自处死查理一世以来的管制出版业的最严厉的法令。这项法令几乎恢复了都铎王朝时期颁布的所有管制出版业的公告,并把反对政府的任何言论与活动统统列入了叛国罪。按照这项法令的规定：所有的出版商都要缴纳300磅保证金；禁止任何诽谤性的出版物出版流通；扩大检察官的权力，撤回官方为所有周报所颁发的许可证；书商公会的成员掌握这项法令的执行权，由政府指派专员直接辅助书商公会执行法令；除了罚款，还可以向敢于违抗此令者施加任何政府赋予的压力。就像一记重锤，自这项法令出台后的

《政治信使》

一两周里，伦敦的新闻业就遭受重创，被狠狠地击倒了。

1649年末，整个英国报业处于低谷，除了共和国政府准予出版的两份官方刊物《政治信使》与《公众情报员》之外，格拉布街呈现出一片死寂之势。做为官方刊物，《政治信使》与《公众情报员》是共和国时期出版时间最长的两份刊物。《政治信使》大概发行了500期，《公众情报员》发行了100期。自诞生后，《政治信使》就恪守官方刊物的身份，很快成为政府最有力的喉舌。此外，《政治信使》还是17世纪在报道国外新闻方面做得最专业的周报，这要归功于我们非常熟悉的一位格拉布街人奈德海姆。

就像曲折而漫长的英国革命一样，奈德海姆的命运也极富戏剧性。做为曾经的革命派刊物《英国信使》的宣传主力，奈德海姆后来又转投保王党。1649年，保王党作战失利，英国成立共和

国之后，奈德海姆成了共和国的阶下囚。但在共和国的两位政府高官的出面力保之下，奈德海姆很快就被释放并顺势投靠了克伦威尔。虽然奈德海姆曾以"红鼻子"、"全能的鼻子"等戏谑之词调侃克伦威尔，但克伦威尔并不计较，反而允诺每年给奈德海姆100磅年金。无疑，奈德海姆是克伦威尔所能找到的最出色的宣传者。克伦威尔的礼遇令奈德海姆受宠若惊，他"很识相"地撰写小册子《英国共和制实例》，积极鼓吹共和，从此成为克伦威尔的御用写手，担任了两份官方刊物《政治信使》与《公众情报员》的编辑。奈德海姆在国外有两至三名联络员为他提供大量可靠的信息，这使《政治信使》成为17世纪在报道国外新闻方面做得最专业的周报。《公众情报员》则用法语讲述伦敦的新闻，无意间成了促进共和制在欧洲大陆传播的工具。除了创办刊物参与政治论战，奈德海姆也很有商业头脑。1657年，奈德海姆独自创办《公共广告人》，这是英国第一份以刊登广告为主的刊物。每条广告连续刊登四天，续登再付费，奈德海姆还因此被称为广告业的鼻祖。

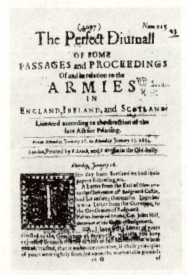

《完整日记》

格拉布街的沉寂一直持续到1650年早期。1650年，连政府也感觉官方出版物提供的信息不足以完成宣传任务，为了获得舆论支持，政府暂时放松了对出版的严格控制，允许民间办报。在这一时期出版的报纸有的维持了很长时间，有一些则是短命鬼，但无论存在时间长短，所有的报纸一律由递交了担保书的印刷商负责印刷。虽然这些报纸没有在特许出版公司登记注册，但事先也都经过了政府委员会的核准。

1650年夏，格拉布街终于迎来了短暂的"小阳春"：出版审查制度一度松弛。从1651年初到1652年末，经政府批准出版的报纸共计7种。从周一至周五，这7份报纸分别为《完整日记》、《每周情报员》、《完整陈述》、《议会进程》、《政治信使》、《完整进程》、《忠实的侦察员》。从表面上看，这一时期的报纸在数量上足以与几年前媲美，但在出版质量上，这些经政府许可的报纸就像穿着紧身衣，行动缺乏自由。但也因有政府撑腰，它们少有竞争者。从1650年6月到1651年底，只有8份亲政府报纸及2份保王派报纸敢与之竞争，而且这些竞争者都很短命，只出了2期就甘拜下风。

尽管如此，议会及政府却并未放弃加强对格拉布街的控制，继1649年的法案之后，议会又于1653年通过法案，规定：除特许者外，其他人一律不许从事出版业；如有违反，作者罚款10磅，印刷者5磅，贩卖者2磅，进口商5磅，买者1磅，贩卖者送感化院；出版商租房子，必须事先经特许出版公司许可；购买印刷机要交保证金300磅。新法案公布后一个月就有42个印刷商被罚，所有非官方的新闻书都销声匿迹，甚至连官方报纸也处在搜查者的监督之下。

1655年克伦威尔就任护国主之后，施行军事独裁，采取更加严厉的手段管制出版业，克伦威尔甚至亲自插手书报检查，于1655年8月发布命令，任命三位高级官员执行检查任务。此命令发布后仅一个月，除了奈德海姆编撰的两份官方刊物外，所有官方及非官方的新闻书均遭查禁；报刊种类急剧下降，由1648年最高峰时的612种降至1657年的25种。皇家特许出版公司恢复特权，政府派专员指挥督察。格拉布街迅速萎缩，呈现一片凋敝之势，再次成了克伦威尔权力的牺牲品。直到1659年长期议会重新召开，格拉布街才再次活跃起来。

实际上，共和国时期执政者颁布的这些严厉的出版检查法令并不是偶然的。早在共和国成立之前的1647年9月20日，上院就曾收到一名军官递交的一封立场坚定、措辞机智的信，这名独立派军官在信中强烈要求恢复严厉的检查制度，他在信中写道：

> 我已秘密呈递了一些印刷小册子，这些小册子不仅辱骂、诽谤军队，而且还辱骂整个王国。我期望将来这些以及其他类似的出版物能受到压制，……（如果议会感觉妥当）可以允许每周出版两至三份报纸，当然，这些报纸需要事先经过许可，还要盖上印花或者"许可出版"的字样；鉴于前任出版审查官马波特先生对工作及对议会、军队的忠诚，我不揣粗陋，期望他能官复原职，继续担任检察官。

上院当时就接受了这名军官的建议。10天后，议会即通过了一个新法令管制出版业，马波特也走马上任，一直到1649年5月，始终担任出版业的总检察官。按照议会法令的规定，对违反此法令的编辑、印刷商、出版商及书商，检察官马波特不仅可以对他们处以罚款，还能对其施以刑事处罚；对于任何敢于在街头叫卖未获出版许可的小贩，检察官马波特则可以像对待流氓一样对其施以鞭刑。

而在马波特上任前，下院还曾经成立了一个委员会，试图以此压制大量涌现的"辱骂诽谤"的小册子。与此前的这个委员会一样，议会此次的行动收效甚微，在1647、1648年，议会的新模范军再次调转枪口对准保王派，北向转战苏格兰，在这两年间，出版物的数量激增，据粗略统计，仅政论性的小册子就有2500份左右。但此时，克伦威尔距权力的巅峰已经很近了。

1649年成立的共和国因为并没有实行与之配套的彻底的民主改革而遭到了平等派及人民群众的强烈反对。平等派领袖里尔本就于共和国成立当年发表小册子《粉碎英国的新枷锁》，尖锐地抨击共和国领导人只不过是新国王和新权贵；国务会议的将军只是独裁的工具。复辟势力也在此时伺机反扑。无论是革命派还是反革命派都在积极利用包括小册子、报纸及图书等在内的舆论工具来积极争取群众，鼓吹出版自由。但此时真正掌握英国政权的是以克伦威尔为首的资产阶级。为巩固政权，限制反政府活动，颁布严厉的出版管制法令就成了最便利的手段。但是，虽然英国出版业在革命过程中出现了旧王朝检查制度死灰复燃的现象，但时代进步的脚步却不可阻挡。17世纪英国政治领域的重大变化已经对出版业的发展产生了不可忽视的影响：首先，短暂的言论和出版自由已经在人民中间撒播下了反封建专制的种子，为17世纪末废除特许制打下了基础；其次，出版管制的权力已经从国王及其继任者手中转移到了议会手中；最后,星法庭的撤销使普通法院代替了特权法庭成为管制出版业的机构。尽管在克伦威尔统治期间共和国政府对出版业的控制达到了空前的程度,但这些变化都为以后英国检查制度的废除打下了基础。

除了官方的压制,活跃的格拉布街人也引起了一些人的反感。早在1642年,有人就在一本名为《充斥着小册子的印刷所》的小册子中对记者们品头论足,嘲笑他们"依靠才智谋生"。更有出言不逊者痛骂记者是一些"新闻贩子"、"除了笔之外一无所有的小人物,随时准备收集王国中肮脏的排泄物"。

八面玲珑的奈德海姆命运又如何呢?在护国主克伦威尔去世后,奈德海姆就丧失了年金,丢掉了两份官方刊物的管理权。但1659年长期议会重新召集后,奈德海姆又转向议会,反对查理二世复辟,他此前掌管的两份刊物也在当年8月恢复出版。1660年,资产阶级与新贵族邀请的支持复辟的蒙克将军开始彻底清查奈德海姆,奈德海姆被迫逃往荷兰。同年4月,斯图亚特王朝复辟,复辟国王查理二世发表《布列达宣言》,大赦革命者。9月,在得到查理二世的宽恕后,奈德海姆回到英国。此后,奈德海姆从事药品生意,直到1678年去世。但据说在去世之前,奈德海姆还在撰写支持查理二世的小册子。

《出版许可法》的废除

1678年,一个有关"天主教阴谋"的传言在英国不胫而走。据说:耶稣会4月24日在伦敦的"白马酒店"召开了会议,制定了刺杀查理二世的计划，而且打算在英国恢复天主教。此论一出，引起了很多人的恐慌。人们心里都非常清楚：如果查理二世被刺杀，查理二世的弟弟、天主教徒詹姆斯将继承王位，这就意味着英国将恢复天主教。虽然后来事实证明"天主教阴谋"只是个别天主教徒的想象，但对于英国国教徒以及清教徒而言，

查理二世

这却是一条爆炸性新闻，英国国内的局势也随之紧张起来。伴着"天主教阴谋"带来的惊慌与混乱，复辟王朝严格管制的新闻出版业却意外地赢得了短暂的自由。

故事还要从斯图亚特复辟王朝实行的一系列反动政策说起。斯图亚特王朝的复辟君主查理二世在上台后不久就背弃了在《布列达宣言》中作出的大赦革命分子和宗教信仰自由的承诺，于1662年颁布了《信仰一致法》，规定所有神职人员必须承认国教会、严禁传播清教著作、查办宣传非国教的其他宗教人员之后，查理二世又于当年10月颁布"制止出版诽谤、叛国和未经许可之图书和小册子"的法案，即《出版许可法》。1662年的《出版许可法》几乎恢复了星法庭在1637年发布的所有法令，并"重申国王对出版业的绝对特权"。而在此之前，一直跟随复辟功臣蒙克将军的亨利·穆德曼也已经取代奈德海姆成为官方记者并担任了新闻检察官，议会也下令禁

止报道任何有关议会的新闻。

1662年的《出版许可法》详尽而具体地对印刷出版活动做出了一系列限制规定,按照《出版许可法》的规定:所有从事图书进口的书商必须是书商公会的成员;大印刷业主的数量不得超过20个,所有印刷业主都必须住在伦敦;每个印刷业主必须雇佣至少一个熟练工,以防学徒期满的熟练工从事非法印刷;任何不服从业主管教的熟练工将处以三个月监禁的处罚;严禁进口英语书籍,外语书也只能在伦敦口岸进口;海关官员要扣押所有图书并等待大主教指定的检查员审查后方可放行;任何登有违反天主教信仰和国教会教义的异端、诽谤言论等的小册子,以及攻击政府官员的书报均在禁印和禁售之列;印刷者除了要在每一件印刷品上印出自己的名字之外,还必须告知作者的真实姓名;任何印刷品必须首先由议会指定的检察官或检查班子审查和认可,否则不予付印等等。

《出版许可法》的贯彻执行主要依靠四种方式:国王及国务会议公布文告及命令;国务大臣负责监督;出版总监负责执行和协调工作;国务会议和书商公会负责指挥管理,并指导下属工作。

《出版许可法》通过后,在国务大臣佩皮斯的眼中不失为一个"优秀的学者"的新闻检察官穆德曼很快"失宠"。1663年,在《出版许可法》通过后不到一年,查理二世就任命罗杰·莱斯特兰奇取代穆德曼担任新一任王室新闻检查官及出版总监。有史以来最忠于职守的新闻检察官上任了。

莱斯特兰奇是一个狂热的保皇主义者,在斯图亚特王朝复辟之前,他就曾撰文攻击弥尔顿的出版思想。在被任命为出版总监之前,莱斯特兰奇还出版了一本小册子,强烈建议政府制定更加宽泛、更加严厉的出版管制措施。在莱斯特兰奇看来：《出版许可法》的执行过于宽松；叛国的、煽动性的小册子正威胁着国王；需要更加严格地执行出版检查制度，而他本人就是理想的执行人选。莱斯特兰奇的建议深深打动了早有此意的查理二世。查理二世决定接受莱斯特兰奇的建议，以莱斯特兰奇取代穆德曼，厉行出版检查制度。

复辟王朝最忠于职守的新闻检查官莱斯特兰奇

上任后，在查理二世的支持下，莱斯特兰奇兴味十足、忠实地履行着职责，其态度之坚决、手段之阴损令人难以置信。

按照1662年《许可证法》的规定，莱斯特兰奇拥有对印刷所的控制、搜查权，为交付印刷的书籍颁发许可证的权力，发布官方消息、以及一些指定的免责条款的权力。在莱斯特兰奇任内，许可证颁发机构真正变成了出版检查制度的执行者。经莱斯特兰奇审查的书籍必须完全遵照他的意见修改，只有这样才有出版发行的机会。莱斯特兰奇还会毫不犹豫地删除或者改动书中一切不符合他的政治信条的段落。

莱斯特兰奇还"认真"地履行着搜查权。按照1662年《许可证法》的特别规定：一个或多个信使根据国王手令或国王的主要国务大臣的命令，可搜查任何可疑者，没收可疑印刷品。根据这条特别法令，莱斯特兰奇经常清洗报摊、盘查小贩。位于小不列颠及圣保罗大教堂附近的书报摊是莱斯特兰奇经常光顾的地方。一旦发现"非法"出版物，则坚决查抄，决不手软。对于告发者，奖励五先令。

此外，莱斯特兰奇还经常指挥着一些拿着大臣的"总逮捕令"的密探半夜突击清查住宅、商店、印刷所、仓库等"制假窝点"；鼓励人们揭发设立在隐秘小巷内的秘密印刷所，对前往告发者，奖励五磅。印刷商约翰·塔恩的家就惨遭莱斯特兰奇查抄。莱斯特兰奇没收了塔恩印刷用的铅版，收缴了一些未获出版许可的出版物。被关入新门监狱的塔恩也因坚决拒绝供出被查没出版物的作者而被判绞刑处死，最后被残酷地四马分尸。在莱斯特兰奇看来，塔恩的这些行为就是犯罪。

除了严厉地执行《出版许可法》，莱斯特兰奇也没有放弃利用手中权力创办官方刊物，开展舆论宣传。"为了满足人们对信息的需求"，莱斯特兰奇亲自撰写新闻书，他先后创办了《情报员》与《新闻》。《情报员》每周一出版，《新闻》每周四出版。但莱斯特兰奇看不起"大众"，在他眼中：阅读新闻的"大众"经常"多管闲事"，自

《牛津公报》

以为是地批评政府，给政府惹来无穷的麻烦。因此，莱斯特兰奇把新闻书的页数由穆德曼时期的16页压缩为8页，刊登的新闻也要经过他亲自筛选，每份新闻书售价两便士。虽然莱斯特兰奇编撰的新闻书质量低劣，但还是有一定的销量。一方面，英国民众在内战时期就培养了购买消息的习惯；另一方面，由于整个新闻业已为莱斯特兰奇所垄断，民众根本没有什么选择的余地。

但1665年伦敦爆发的一场瘟疫却终结了专横的莱斯特兰奇对英国新闻业的垄断。1665年伦敦爆发鼠疫，为躲避瘟疫，国王举家迁往牛津，穆德曼随行，莱斯特兰奇则留在伦敦强化执行出版审查制度。由于远离王室，莱斯特兰奇的《情报员》没有什么可供报道的新闻。查理二世也因害怕染上瘟疫而拒绝翻阅莱斯特兰奇撰写的新闻书。地处偏僻的牛津消息闭塞，为满足王室对消息的需求，穆德曼借机要求创办一份新的官方刊物，《牛津公报》由此问世。

《牛津公报》对开单张，两面印刷，每逢周一、周四出版。在英国国务大臣佩皮斯的眼中，《伦敦公报》的创刊号"非常美观，全是新闻，没有评论"。出版到第24期后，《牛津公报》随王室迁回伦敦，改名《伦敦公报》，是至今仍在发行的世界上最古老的报纸之一。

虽然《伦敦公报》仅提供枯燥的官方消息以及一些社会新闻，没有评论文章，但它的诞生，却是王政复辟时期英国新闻业的一件大事。《伦敦公报》的出现标志着英国报纸在外观发展上又迈出了重要的一步。与古老的科兰特及之前的"新闻书"不同，《伦敦公报》是英国第一家单页纸式的定期新闻出版物。忙碌的商人不用费力翻页，只需快速地瞥一眼《伦敦公报》，就能了解欧洲的各种时政要闻。在咖啡馆中消磨时间的人也是《伦敦公报》的热心、忠实读者。1670

《伦敦公报》

年,《伦敦公报》还首次使用"报纸"(Newspaper)一词。

在莱斯特兰奇担任新闻检查官期间,古老的手抄新闻信也再度流行。被莱斯特兰奇顶替的穆德曼就是这些新闻信的作者之一。由于获得了查理二世的许可,穆德曼享有撰写新闻信并免费邮递的特权。穆德曼还在新交易所附近开设了一家编辑工作室,这家工作室附属于国务大臣尼古拉斯。

穆德曼的新闻信只有一张纸,题头标写"白厅"两字,以彰显它们享有的特权。新闻信正文开头即称"先生",结尾没有署名,书写潦草,笔迹有些难以辨认,主要刊登有关议会及王室的新闻。由于议会在1660年下令禁止报道任何有关议会的新闻,民众对新闻信的需求大大增加。穆德曼的新闻信每周两次免费邮递,也可以一次性交付5磅,在一年内享受免费投递。这些新闻信在当时的信息集散地咖啡馆拥有众多读者。

除了享有特权的穆德曼，很多民间新闻记者也加入编撰新闻信的行列，尤其在《伦敦公报》创刊后。新闻记者雇佣抄写员完成抄写工作，再由这些抄写员到伦敦各家咖啡馆叫卖，或者邮寄给各郡的订阅者。在翻阅内容枯燥的《伦敦公报》之余，人们通过这些新闻信了解议会新闻以及一些最新的政治闲谈。虽然手抄新闻信价格高昂，每份售价五磅左右，但仍然很受欢迎，销售火爆。

除了通过《出版许可法》、任用莱斯特兰奇厉行出版检查制度以控制出版业，查理二世还一直念念不忘在英国恢复天主教。为争取海外支持，查理二世不惜在1670年与法国国王订立密约，密约规定：查理二世有义务在英国恢复天主教，法国国王则有义务在英国国内发生"骚动"时，派法国军队前往镇压。由于英国16世纪的宗教改革剥夺了英国天主教徒的政治权利，1672年，查理二世又颁布《容忍宣言》，宣布国王有权恢复天主教徒的政治权利。

查理二世恢复天主教的企图昭然若揭。资产阶级与新贵族则不愿再容忍，他们担心天主教一旦恢复，不仅会剥夺他们在16世纪宗教改革时分得的天主教教会的土地，而且他们所从事的工商业活动也会受到阻挠。议会中的资产阶级与新贵族的代表尖锐地批评《容忍宣言》。在议会强大的压力下，查理二世不得不在1673年撤销了这个"宣言"。同年，资产阶级与新贵族占优势的议会通过《宣誓法案》，规定只有按照英国国教会仪式领圣餐的人才能担任国家行政及军事职务，防止天主教徒掌权。

由于查理二世没有子嗣，他的弟弟詹姆斯就成了王位的合法继承人。詹姆斯是一个狂热的天主教徒，他一旦继位，势必会想方设法恢复天主教。在这种形势下，英国人对任何有关天主教的消息都十分敏感。

议会一直坚决反对斯图亚特王朝在英国恢复天主教。"天主教阴谋"的传言一度使一些议员信以为真,议会的反对决心更加坚定,议会反对派的活动也再次活跃。反对派议员纷纷站出来批判查理二世的各项政策,讨论詹姆斯是否有权继承英国王位。见势不妙,查理二世遂于1679年1月解散议会,重新选举。

值得一提的是,在讨论詹姆斯是否有权继承英国王位时,议员们激烈辩论,最终分成两派,赞成的一方被对方称为"托利",反对的一方则被称为"辉格"。"辉格"在苏格兰语中是"强盗"之意;而"托利"则是爱尔兰语中的"歹徒"。这两个名称起初是双方对骂时对对方的贬称,因寓意幽默,嘲弄辛辣,加上音节少,书写方便,此后便作为两个派别的名称沿用下来。用得多了,人们逐渐忽略了这两个不雅之词的本意,这两个词也就逐渐变成了两党的自称。1680年以来,两派就在议会中"自豪地使用""辉格党"与"托利党"的称号,并长期沿用达一二百年之久。

令查理二世没有想到的是:在新议会中,辉格党人仍然占据多数。在辉格党人的坚持下,下院于5月以多数通过了《排斥法案》,取消了詹姆斯的王位继承权。就在下院还没有来得及将《排斥法案》递交上院之时,查理二世见形势不妙,匆忙在5月再次解散议会。但匆忙之中的查理二世忘了一件事:议会此次并没有批准延长已到期的《出版许可法》。出版检查制度一时出现了空白。在1679年—1685年间,虽然政府采用其他各种手段企图恢复控制出版业,仍有大量未经许可的小册子在街头出现。

王政复辟时期还出现了一种新型的"对话报纸"。"对话报纸"以两人谈话的形式评论时事。最早的"对话报纸"创办于1681年2月1日,而最典型的"对话报纸"则是莱斯特兰奇于同一年4月18日创办的《考察家》。《考察家》以"问与答"为副标题,共两个栏目。虽然以对话、问答的方式评论时事并不是莱斯特兰奇首创,但他把这种方式发挥到了极致。在《考察家》中,莱斯特兰奇以对话塑造人物,发表新闻评论,对持异议者、辉格党人,极尽辱骂嘲讽之能事,

莱斯特兰奇创办的《考察家》

并因此引来了不少模仿者,风靡一时,一直到《考察家》1687年停刊。

1685年,查理二世去世,詹姆斯继位,是为詹姆斯二世。詹姆斯二世继位后,格拉布街的发展再次落入低谷。一度废除的《出版许可法》再次于1685年恢复,《伦敦公报》也重新确立了官报的垄断地位。

詹姆斯二世还明目张胆地实施恢复天主教的计划。法王路易十四也通过代理人煽动詹姆斯二世加速在英国恢复天主教。作为恢复天主教计划的第一步,詹姆斯二世开始任命天主教徒担任军官。这项措施立刻在英国引起轩然大波。

詹姆斯二世

1688年,辉格党人与一部分托利党人联合,废黜詹姆斯二世,邀请詹姆斯二世的女儿玛丽与女婿荷兰执政威廉共同执掌英国政权。詹姆斯二世仓皇逃往法国,1689年2月,威廉正式即英国王位,是为威廉三世。由此,英国完成了一场没有经过流血斗争便实现了政权更迭的革命:"光荣革命"。1689年3月,议会又通过《权利法案》来限制国王的权利,提高议会的地位,君主立宪制开始在英国确立起来。

光荣革命后的格拉布街并没有取得实质性的发展。《权利法案》确保了议会的言论自由,但对新闻出版自由却乏善可陈。1692年,《出版许可法》到期后又一次被渴望稳定的新政权批准延长,但政府此时已经不能继续漠视公众对消息的需求。除了《伦敦公报》,政府还在1690年出版了一份名为"欧洲现状"的小册子。《欧洲现状》每月一期,刊载从荷兰报纸摘抄的有关英国的翻译新闻。

1695年,辉格党占优势的议会试图再次通过《出版许可法》,但两党在法案的细节上存在分歧,争吵不断,该法案终因错过时机而流产。

1695年《出版许可法》的废止对格拉布街的发展意义深远。英国成为欧洲历史上第一个废除出版前检查制度的国家，在实现出版自由的道路上迈出了重要的一步。《出版许可法》废除后，任何英国作家和出版商都可以开设印刷所，创办刊物，而不必事先经过许可。对于那些言辞激烈、经常冒犯政府的格拉布街人而言，残酷的绞刑以及对肢体的残害也被监禁与枷刑所取代。基于特权的检查制度从此在英国走到了尽头，随着时代的发展，政府最终默认了新闻出版自由，格拉布街的发展进入了一个新阶段。

威廉三世

查理二世曾经的红人，王室新闻检查官莱斯特兰奇的命运又如何呢？詹姆斯二世继位后，莱斯特兰奇还曾获得了爵士荣誉。但光荣革命后，莱斯特兰奇很快被解职并被收押。出狱后的几年里，莱斯特兰奇的生活一度十分窘迫：不止一次遭逮捕；健康状况恶化；投机失败；妻子命丧黄泉；孩子也不争气。去世之前的莱斯特兰奇已经丧失了任何影响力，变成了书商的雇佣作家。

查理二世时期的咖啡馆

如果说英国内战时期格拉布街文人的"呐喊冲杀"多多少少有些火药味，那内战后的和平年代里，格拉布街文人在咖啡桌上的笔耕就显得雅静了许多。在这份平静的背后，格拉布街文人参与社会启蒙的思想却已经悸动。格拉布街文人办刊物，写文章，以此开启民智，他们就像一颗颗明星，点亮了18世纪英国民众的夜空，其中尤数斯蒂尔、艾迪逊最为耀眼。在英国咖啡馆民主、开放的氛围中，上演了一场由格拉布街文人主导的咖啡桌上的启蒙。

咖啡桌上的启蒙 第三章

"道德周刊"的创办者

在18世纪初的伦敦咖啡馆,流行着一份非常受欢迎的刊物,据这份刊物的创办者介绍:"京城里大家天天打听我这家报纸的事。每天早上文章一登出来,大家都认真、专心地看。"在咖啡馆里闲谈、消磨时间的人经常围绕这份刊物中的话题展开讨论。这份刊物中的许多角色虽属虚构,但读者却都对他们耳熟能详,其亲切程度简直有如他们的近邻,像乡绅罗格·德·柯弗利爵士、安德鲁·弗里普特爵士等等。

这份在咖啡馆中受到追捧的刊物叫《旁观者》,《旁观者》与在它之前出现的另一份刊物《闲谈者》一起,以其优雅清新的格调,寓品评时事、道德教化于轻松散文文体的风格,教导民众、开启民智,被后人誉为"道德周刊"。

《闲谈者》

《闲谈者》创办于1709年,《旁观者》则诞生于两年后。自创办后,《闲谈者》别具一格的文章及其优美动人的文风很快赢得了众多忠实读者,人们争相传阅,《闲谈者》成为当时咖啡馆里不可缺少的读物。比起《闲谈者》,号称由一位"旁观者先生"和他的俱乐部主办的《旁观者》也毫不逊色。这位"旁观者先生"自称"艾萨克·毕克斯塔夫"。"艾萨克·毕克斯塔夫"是斯威夫特的笔名,斯威夫特曾以此名写文章揭露一个骗人的星相家,在读者中颇具影响力。除了接着用"艾萨克·毕克斯塔夫"这个名字大做文章之外,这位"旁观者先生"据称还是一个真正的"学识渊博,阅历丰富,各行各业无不通晓"之人。而他的"俱乐部"的其他六位成员:一个爱好戏剧的见习律师、一个牧师、一个军人、一个城市交际场老手,另有一个代表旧贵族的老乡绅罗格·德·柯弗利爵士,还有一个代表新兴资产者的伦敦富商,他们也都是英国社会各阶层中喜好品评时事之人。"艾萨克·毕克斯塔夫"与旁观者俱乐部的六位成员不仅自己尽情地抒发对各种社会现象的观察、评论,还积极引导读者共同思考,把《旁观者》办得风生水起,有声有色,受到读者的追捧。《闲谈者》与《旁观者》也成为当时英国最受欢迎的刊物。《闲谈者》第一期的发行量有4000份。《旁观者》的发行量一度曾达20000份。

实际上,这位"旁观者先生"的真实身份是英国18世纪著名散文家理查德·斯蒂尔及其密友约瑟夫·艾迪逊。《旁观者》由斯蒂尔与艾迪逊合办,《闲谈者》则是由斯蒂尔单独创办。可以说,这两份刊物的成功,其创办者兼撰稿人斯蒂尔与艾迪逊功居首位。

就出身及经历而言,斯

斯蒂尔

蒂尔是一个典型的格拉布街文人。斯蒂尔出生于爱尔兰都柏林的一个律师家庭，12岁进入卡特公学院读书，毕业后进入牛津大学继续深造。读书期间，斯蒂尔就对文学表现出浓厚的兴趣，后来因家庭经济原因，斯蒂尔在牛津的求学生涯不幸终结。辍学后，斯蒂尔参加了贵族骑兵卫队，从军期间，对文学的喜爱有增无减。斯蒂尔曾创作了一首关于安妮女王葬礼的诗，这首诗引起了一位上校的注意。上校对斯蒂尔的才气颇为器重，提升他做了卫队长。斯蒂尔的创作灵感此后如激流奔涌，佳作不断。

艾迪逊是斯蒂尔的同窗兼密友，他擅长撰写随笔式散文，同样也被后人誉为英国伟大的散文家。与斯蒂尔相比，艾迪逊的生活可谓一帆风顺：艾迪逊出生于英国韦尔肯特郡米尔斯顿的一个牧师家庭，父亲是一个博学之士。艾迪逊小时入伦敦有名的卡特公学院读书，与斯蒂尔成为同窗好友，毕业后又与斯蒂尔一同跨入牛津大学，在校期间学业优异，常常用拉丁文作诗并小有名气。19岁获文科硕士学位。1699年开始了为期两年的游历，足迹遍及法、德、意、荷兰、瑞典、奥地利等国。游览途中即创作了不少佳作，他生动流畅的文笔吸引了不少读者。

艾迪逊

除了同龄，同一年进入同一所中学，又一同在牛津大学求学之外，斯蒂尔与艾迪逊还同对文学感兴趣，同样喜欢舞文弄墨，同样在政治上倾向辉格党。因此，两人很快成了莫逆之交,经常在一起讨论时事与文学,切磋写作技艺。

斯蒂尔在1709年创办了《闲谈者》,之后不久,艾迪逊就参与到刊物的编辑及写作中来。《闲谈者》优美动人的文风及读者的喜爱在很大程度上都要归功于艾迪逊。

尽管得到公众的喜爱,但《闲谈者》也仅仅维持了两年就停刊了。实际上,《闲谈者》的停刊是不得已之事,这与两位主笔的政治倾向及英国政局的走势密切相关。艾迪逊与斯蒂尔在政治上都倾向辉格党。艾迪逊曾因写诗颂扬英国军队在西班牙王位继承战争中的表现而受到英国政府重视,被任命为国务大臣助理,几年后又出任爱尔兰总督秘书并当选为国会议员,可谓连任要职,仕途得意。斯蒂尔起初也因政治上同情辉格党而担任了辉格党政府官报编辑。但1710年托利党上台执政终结了艾迪逊与斯蒂尔政治上的得意局面,也间接地宣判了《闲谈者》的死期。由于安妮女王重用托利党人,政治上同情辉格党的艾迪逊宦海失势,斯蒂尔也失去了官报主编一职,《闲谈者》因此于1711年停刊。实际上,在18世纪,因政治原因而停刊是很多格拉布街文人创办的刊物遭遇的共同命运。

停刊固然可惜,但对斯蒂尔、艾迪逊而言,《闲谈者》的停刊却意味着另一份刊物的新生。这份刊物就是《旁观者》。《旁观者》由斯蒂尔与艾迪逊于《闲谈者》停刊两个月后联手创办。《旁观者》每日一期,一期一文,一文一题,1712年因印花税法案夭折,在短短的一年多时间里共发行五百多期,其中艾迪逊与斯蒂尔各写了两百多篇文章。1714年6月,艾迪逊还曾单独复刊,每周三期,出版了半年。

《闲谈者》与《旁观者》的内容都相当丰富,文学色彩与新闻性相结合,风格幽默诙谐却又风雅隽永;文章所涉及的内容也很广泛：伦敦生活、宗教及道德、鬼魂与巫术以及文学与戏剧评论等，几乎无所不包，享有定期出版的杂文之美誉。值得一提的是，这里面的大多数文章都草创于咖啡馆。

斯蒂尔与艾迪逊都是咖啡馆的常客。斯蒂尔是布顿咖啡馆的老主顾，他自称"每天清早6点光景，我已在咖啡馆了"。在咖啡馆里，斯蒂尔感觉"如鱼得水"，有时甚至"自得其乐，甘于只当听众"。艾迪逊则每天都在咖啡馆呆六七个小时，在那里观察生活、参与谈话、了解读者的兴趣，并撰写评论文章。正是根据在咖啡馆观察到的情景和在那里参与的谈话，艾迪逊与斯蒂尔才积累了足以创作出精妙文章的素材。也只有在咖啡馆这样民主、开放的空间，像《闲谈者》与《旁观者》这样寓品评时事于轻巧散文的刊物才能找到真正的读者。可以说，咖啡馆不仅是斯蒂尔、艾迪逊寻找灵感的好去处，还是《闲谈者》及《旁观者》此类刊物流行的沃土。就让我们暂且走出这两份刊物，走进18世纪伦敦的咖啡馆，去感受那里特有的氛围。

小咖啡里的大智慧

咖啡是英国人最喜爱的饮料之一。徜徉在伦敦的大街小巷，大大小小的咖啡馆俯拾皆是。咖啡馆不仅是当今英国人社交、休闲的好去处，在17、18世纪，做为市民们参与社会活动的重要场所，做为格拉布街文人所钟爱的参与社会启蒙的场所，伦敦的咖啡馆已经令人瞩目。

咖啡馆在英国的历史始于17世纪。1650年，土耳其籍犹太人雅各在牛津大学开设了一家名为"天使"的咖啡馆，成为英国的第一家咖啡馆。两年后，伦敦第一家咖啡馆也开张营业，这家咖啡馆的店主——希腊人帕斯卡·罗西——以"喝咖啡的去处"为题，印刷宣传广告单，吸引众人前来品尝。

在咖啡传入之前，英国人的日常饮料常以啤酒、葡萄酒为主。各色酒馆林林总总充斥街头巷尾，四仰八叉、满嘴酒气的醉汉也经常醉卧街头。自从咖啡传入后，这种局面多少有所改观。起初，英国人只是把咖啡作为药剂。1657年，英国报坛名人奈德海姆还在《公共广告人》的创刊号上刊登了一则咖啡广告，不遗余力地宣传咖啡的神奇功效："女王之颅小巷的毕晓普斯伽特街，每天早上及下午三点，供应两次名为咖啡的西印度饮料……这种饮料有益于身体健康，具有神奇之功效：它能封住胃里的小孔，增加体内热度；它能帮助消化，并使身心舒畅；它还对眼痛、咳嗽、感冒、肺病、头疼、浮肿、疯癫、坏血病、大脖子以及其他疾病具有良好之预防作用。"咖啡在广告商笔下真是一剂强身健体、治疗疾病的万能药。

报纸上刊登的美妙的咖啡广告诱使很多英国人前往咖啡馆品尝来自异域的新鲜玩意。虽然奈德海姆的咖啡广告过于夸张，但咖啡提神醒脑、振奋精神的功效却是有口皆碑。咖啡给英国人带来了一种全新的生活体验。在人们眼中，与使人迷醉、让人反应迟钝的酒精不同，咖啡使人清醒，让人感觉灵敏。咖啡很快就赢得了英国人的喜爱，泡咖啡馆也很快成为英国人最钟爱的消磨时间的方式之一。

伦敦咖啡馆的数量增长很快。从1652年第一家咖啡馆问世，到1663年，伦敦已有82家咖啡馆。

与欧洲大陆的咖啡馆不同，伦敦的咖啡馆一般不设台球桌，也基本没有赌博之类的消遣活动，更像一个人们用以获取信息、互通

17世纪伦敦一家咖啡馆内景

有无、品评时事的去处。为了招揽客人,一些咖啡馆的店主还特意将近日货品价格、股票价格及航海时刻表贴在墙上;店主们还订阅外国刊物供客人阅读,咖啡馆里甚至还有刚从印刷机上印出来的小册子。有幸保留至今的一些17、18世纪的印刷品及水彩画为我们展现了伦敦咖啡馆的一些基本场景:两至三张狭长的桌子,占据了咖啡馆很大一部分空间;室内有供人们就坐或放蜡烛的长椅;一个很大的炉膛,炉膛的铁架子上放着几只正在煮咖啡的咖啡壶;女主人在给客人斟饮料,男主人叼着长烟斗分发新闻纸及期刊;老主顾们在咖啡馆里收发邮件。位于查令十字街的温莎公爵咖啡馆就曾在广告中宣称:"本店供应质量上乘的咖啡,一夸脱12便士。本店还有翻译的《哈勒姆新闻》。邮车很快就要到达本店。"

伦敦的咖啡馆不仅数量众多,陈设特别,而且对所有人开放,是一个处处体现自由、民主的场所。咖啡馆的墙上通常贴着大纸印刷的规则:"欢迎绅士、商人和所有人光临,相聚一堂,莫怕失礼;此处不设上座,以省去你的担心。阁下尽管随便入座,纵有贵人驾到,亦不必起身退避。"斯蒂尔也曾专文评论过咖啡馆内的民主氛围:"在我三天两头光顾的那个去处,人们有所不同的倒是在于一天露面的时间,而不是彼此身份有什么高下之分。"

按照咖啡馆的规定:无论是社会名流、富裕店主还是城市贫民,也不论宗教信仰或地位,只需要花上一便士就可进入咖啡馆,再多花两便士即可喝杯咖啡或茶。进入咖啡馆的人只要遵守固定的规则,都被一视同仁,可以平等地自由参与讨论、开展社会交往。"他(进入咖啡馆的人)可以随便找一个空位子,加入周围人的谈话。如果不能阅读,他可以倾听人群中有人大声读出的新闻,他也可以听到诗人、批评家、剧作家和小说家朗读自己的作品,以及他们的同行和普通客人的评论。"咖啡馆因此还赢得了"便士大学"的美誉。

伦敦的咖啡馆对每位客人都一视同仁,同时,每家咖啡馆也都有自己的常客圈子。每个职业、每个社会阶层、每个派别都有其钟爱的咖啡馆。每一种职业、每一种业余爱好都可以在咖啡馆里找到自己的乐园。咖啡馆很快博得了文人学者、政治家以及新兴市民阶层的青睐,客人越来越多,生意蒸蒸日上。

当时的伦敦,有很多家著名的咖啡馆,像威尔咖啡馆、布顿咖啡馆、贝德福德咖啡馆、塔克之颅咖啡馆、圣詹姆斯咖啡馆、劳伊德咖啡馆、迪克咖啡馆、圣乔治咖啡馆、萨莫斯特咖啡馆、希腊咖啡馆以及教士会堂咖啡馆等。堪称伦敦时尚风向标的卡温特花园罗瑟尔街有多家著名咖啡馆进驻,其中,创办于1660年的威尔咖啡馆备受诗人及评论家们喜爱。英国文学史上的很多名人都是威尔咖啡馆的常客。诗人德莱顿在威尔咖啡馆拥有专座。冬天时,德莱顿坐在温暖的壁炉边,夏天时则移到凉爽的靠窗的位置。德莱顿还在威尔咖啡馆主持咖啡聚会,来到咖啡馆的客人们围聚在桌子旁,倾听博学之士的辩论,汲取新知,作家与普通读者可以很方便地进行交流,正是这种交流,确立了从威尔咖啡馆一直传播到文学界的文学鉴赏标准。佩皮斯、康格里夫以及蒲柏等文学界的知名人士也是这里的老主顾,威尔咖啡馆因他们的到来而赢得了"智慧咖啡馆"的美誉。

自1680年伦敦出现廉价的邮政服务设施之后,咖啡馆还成了人们收寄信件的重要场所。咖啡馆的老主顾们通常每天光顾几次,喝杯咖啡,听人们谈论大事小情,检查自己是否有新邮件,与友人交换信息等。

辉格党与托利党的成员们也各有常去的咖啡馆。辉格党的时髦

斯威夫特在圣詹姆斯咖啡馆收读信件

绅士们往往蜂拥至可可树咖啡馆。据英国历史学家爱德华·吉本观察："可可树咖啡馆大约集聚了20名王国的上等人,他们围坐在一张铺着桌布的小桌子旁享用晚餐。这些人一边享用着冷肉、三明治,啜着咖啡,一边谈论时尚及财富。"托利党则光顾圣詹姆斯咖啡馆,做为托利党一员的斯威夫特经常在那里收发信件。

为生计挣扎的格拉布街文人平时住在阴暗、肮脏的阁楼里,但只要有一件干净的衬衫,拿得出几便士,就会到有名望的咖啡馆会见顾客及恩主、收发邮件、达成意向、签订合同。在17、18世纪,英国文人经常光顾的咖啡馆不少于15家,其中有布顿咖啡馆、迪克咖啡馆、圣乔治咖啡馆、萨莫斯特咖啡馆及希腊咖啡馆。

市民更是咖啡馆的常客,格拉布街文人也时常以他们为叙述的主角。在格拉布街文人耐华德的笔下,伦敦一名富裕店主这样安排每天的日程:"早上5点起床,在账房呆到8点;8点开始吃早餐;吃完早餐回到店里呆两个小时,管教学徒,向最年长的学徒交代一天的工作;然后到邻近的咖啡馆打听新闻;从咖啡馆回到店里直到午餐开始……下午1点去交易所;3点到劳伊德咖啡馆谈生意;之后再回店里待一个小时,了解商店一天的生意情况;然后去另外一家咖啡馆,要上半品脱酒(有的咖啡馆除供应咖啡,还供应其他像茶、酒等饮料),在那里谈论贸易、宗教以及一些国家大事。"耐华德的描述已经很清楚地表明了咖啡馆在这名店主生活中的地位,在这名店主的生活中,伦敦的咖啡馆简直成了生意与新闻的同义词。

咖啡馆里香醇的咖啡、各色信息、精彩的谈话令人流连忘返,以致很多人乐不思家,甚至夜不归宿。一些文人、学者还以咖啡馆为基地,发起组织了咖啡俱乐部。1659年,由学者文人以及清教徒们参加

塔克之颅咖啡馆

的最早的以文会友的聚会在位于新宫公园附近的咖啡馆里举行。借用咖啡馆主人的名字，这个文友会自称"迈尔斯"，又名"罗塔咖啡俱乐部"。《失乐园》的作者，著名盲诗人弥尔顿当时就是这个俱乐部的成员，为首者则是清教徒维尔德曼和亨利·布兰特等人。作为以"相互协商原则"为基础的一个民主集会，"罗塔俱乐部"十分激进，在当时非常有名。在每次激烈的论战之后，会员们都会把各自的意见收集到箱子里来表决。这个做法后来还促成了英国投票箱的问世。

17世纪欧洲其他国家的咖啡馆均欢迎女性客人，唯独英国的咖啡馆将妇女拒之门外。男人们在咖啡馆尽兴畅饮、群聚侃山，女人们却只能百无聊赖地在家中独守空房。1674年，忍无可忍的伦敦妇女联名发表《妇女抵制咖啡馆请愿书》,发起了"抵制咖啡运动"。妇女们联合起来,印发传单,向国王上书,抱怨丈夫们喝那种令人"虚弱致死的黑色饮料"。

在妇人们看来,自己的丈夫喝了咖啡后,变得"像泥沼里的蛤蟆,不仅食污饮泥,而且还会毫无意义地胡思乱想,无休无止地喋喋不休"。她们担心男人们"为了一小杯邪恶的、浓稠的、污秽的、苦涩的、令人作呕的黑水浪费时间、破费钱财";她们控诉咖啡"榨干他们身上的体液,使他们变成阉人,变成沙漠里萎蔫、干枯的野草莓……"。妇人们呼吁救救她们的丈夫!要求关闭咖啡馆。

伦敦妇女的抗议正中国王查理二世的下怀。查理二世早就注意到一些清教徒妄图通过咖啡馆密谋反叛。在查理二世眼中,咖啡馆是"叛乱的温床",早在1672年他就想取缔。而咖啡馆火爆的生意也早已引起当地酒馆老板的强烈抗议。酒商与酒馆老板对咖啡馆咬牙切齿,急欲除之而后快。伦敦第一家咖啡馆的主人希腊人罗西就是被这些酒馆老板联合起来赶走的。一些医药学者及评论家也对人们嗜饮咖啡持反对态度。酒商、酒馆老板、医药学家以及妇女们的抗议给查理二世提供了很好的口实。1675年12月,查理二世不顾一些官员的反对,以"煽动暴乱的源头"、"懒人和无情者的地下根据地"

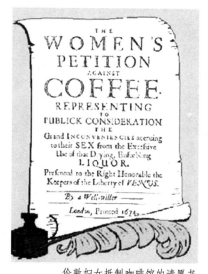

伦敦妇女抵制咖啡馆的请愿书

为由，下令在1676年1月10日关闭英国境内的所有咖啡馆。

禁令一宣布，立刻引起全社会的反对。泡咖啡馆的男人们认为咖啡是健康饮料，他们还理直气壮地辩驳说："咖啡馆是一所市民大学，在这里不仅能保持头脑清醒，幽默风趣，还能使我们更具男性魅力。""对于那些想静下来沉思、不想发酒疯的绅士，咖啡是优雅的非酒精饮料。"咖啡馆的狂热爱好者、"罗塔俱乐部"成员、清教徒亨利·布兰特也出版了名为《为咖啡馆辩护》的小册子。亨利在书中列举了咖啡馆的诸多优点，他的观点与咖啡馆的男主顾们如出一辙。布兰特认为：咖啡馆花费少，在咖啡馆里只花上一两个便士就可以拥有两三个小时以上的幽静空间，可以享受暖炉带来的舒适温馨的感觉。最主要的是可以潇洒地高谈阔论！除了咖啡馆之外，……年轻的绅士和店主到哪儿能找到比咖啡馆更好、更让人开心的地方呢？

禁令发表一周以来，民众向查理二世施加了强大的舆论压力，英国境内还因此事发生了动乱，甚至连最初抵制咖啡馆的妇女们最终也站出来反对关闭咖啡馆——她们害怕丈夫又回到从前酗酒的状态。查理二世的禁令很快变成了一纸空文。在禁令执行的前两天，查理二世被迫发布公告，取消了禁令，他无奈地写道：只要咖啡馆拒绝间谍及谋反者入内，就准许营业。虽然贵为君王，查理二世却也不得不在几粒小小的咖啡豆面前低头。在王权与民众的这场斗争中，代表民众的咖啡馆最终赢得胜利。据官方统计，到17世纪末，英国已有三千多家咖啡馆，而当时的英国人口也不过六十万人。到18世纪早期，仅伦敦一地大约已有两千家咖啡馆，到18世纪中叶，伦敦咖啡馆的数量已达三千多家。

从伦敦第一家咖啡馆营业，经过多年的发展，伴随着英国政治

咖啡馆内读报的人

的逐渐稳定以及伦敦商业中心地位的逐渐确立,咖啡馆已经成为伦敦商业生活、社会生活与政治生活的中心场所。市民们在这里"阅读"报纸,不会读的人则听别人"朗读",一种谈笑风生的自由气氛在咖啡馆中酝酿。"嘈杂的咖啡馆"成了英国市民文化的摇篮,而靠舞文弄墨维持生计的格拉布街文人则为英国新闻事业的发展,提供了营养和生长的条件。早在1667年,托马斯·乔丹就在《来自咖啡馆的新闻》里写到:"如果你是个追求智慧与欢乐的人,如果你喜欢打探新闻,就像来自世界各地的人一样——就像荷兰人、丹麦人、土耳其人和犹太人一样,那我向你推荐一个去处,那里的新闻无所不有、包罗万象:去咖啡馆里倾听吧——那儿的消息句句属实……上至君主大事，下到老鼠轶闻，古今多少事，都在咖啡馆。"

咖啡桌上的启蒙

  伦敦的咖啡馆不仅是各种新闻的集散地，咖啡馆内的自由辩论还是当时许多刊物直接的消息来源，泡咖啡馆的各色人等则是诸如《闲谈者》与《旁观者》此类刊物最主要的读者。《闲谈者》的创办者艾迪逊曾明确指出：《闲谈者》主要针对"那些更多生活在咖啡馆，而不是他们的店铺里的富裕市民"。言外之意，《闲谈者》主要供关心公共事务的市民阅读。在轻松、愉悦而又开放的氛围中，这些道德文章教导民众、开启民智，在有意无意中承担了思想启蒙的重任。

  其实，对于《闲谈者》的思想启蒙作用，斯蒂尔一开始似乎就有比较明确的认识。斯蒂尔曾在《闲谈者》的创刊号中阐述了他创办《闲谈者》的目的：

> 虽然为英国的上流阶层所出版的报纸确实取得了良好的效果，而且在某些地方也值得称赞，但这些报纸似乎并不符合这些叙述的主要目的，谨此我表达一下我的看法：我认为这些叙述应该主要供与政治有关的人阅读，这些人有很强的公共意识，他们留意国家事务而无暇顾及自身事务。当今，这些绅士中的大多数都饱含热情但才智稍逊，因此，（报纸）提供一些文章既是慷慨之举又是十分必要的。

在读完这些文章之后，国民中有价值的而且受到良好影响的成员就可能被指导着去"思考什么"，这是我的报纸应该产生的结果与目的。

艾迪逊则把自己看成是风俗和道德的检察官，在他的主导下，《闲谈者》与《旁观者》致力于"揭穿生活中的骗术、扯下狡诈、虚荣和矫情的伪装，在我们的衣着、谈话和行为中提倡一种质朴无华的作风"。在某种程度上，它们是"阅读大众"自我启蒙的读物。正像艾迪逊在《旁观者》第十期中所说的："有人说，苏格拉底把哲学从天上带到了人间。我不自量力，愿意让人说我把哲学从私室、书库、课堂、学府带进了俱乐部、会议厅、茶桌、咖啡馆。"

艾迪逊还十分重视与读者的交流，他在布顿咖啡馆设有一个狮子头状的信箱，读者把信从狮子嘴里扔进去。读者来信每周刊登，题为"咆哮的狮子"。艾迪逊曾写道："这个狮子头张着贪婪的大嘴。它吞下与我有通信来往的人送来的信件和报纸，它表明了我的决心，要对通过狮子头送到我手里的所有事务都给予特别的关心……不管这狮子吞下的是什么，我都会消化它们而为公众所用。"慢慢地，像艾迪逊这样的文人不再恪守奥古斯都古典文学繁冗的创作原则，而与日常生活与现实紧密联系起来，一种简单明快的现实主义文学样式也从中诞生。

《闲谈者》与《旁观者》侧重社会评论及文学评论，开创了一种随笔报刊模式，它们的成功吸引了众多模仿者。继《闲谈者》与《旁观者》之后，此类随笔性刊物如雨后春笋般纷纷涌现，像《低语》、《女闲谈者》、《漫步者》、《历史学家》、《检查员》、《隐士》、《朝圣者》、

《旁观者》

《教导者》、《流浪者》、《自由思想者》、《考察家》等等。

这些刊物模仿《闲谈者》与《旁观者》，通常刊登一些风格不同的短小文章，涉及道德、文学，面向不同的社会群体。据相关统计：从斯蒂尔创办《闲谈者》，到1750年约翰逊博士出版《漫步者》，在这段时间内，英国社会上出现的这种随笔式报刊达106份，这个数字还仍然只是全部报刊数量的一部分。

虽然《闲谈者》与《观察者》存在的时间都不长（《闲谈者》在1711年停刊；1712年，《观察者》因印花税法案而夭折），但它们内容丰富，风格隽永，曾风行一时；它们侧重社会评论与文学评论，开创了随笔报刊的新模式。随着《闲谈者》与《旁观者》的流行，随笔及社论逐渐成为许多报纸的主要栏目。艾迪逊与斯蒂尔不仅激发了英国公众强烈的阅读欲望，还提升了他们的欣赏品味，培养了他们参与社会公共生活的习惯。"闲谈者"与"旁观者"这两个名字就恰如"咖啡馆中聚众围坐侃侃而谈者口中所言，或举盏旁听颔首而笑者耳中所听"，令读者感到无比亲切。报纸与咖啡馆的联姻、融合，逐渐实现了你中有我，我中有你。通过在咖啡馆的广泛阅读，读者逐渐培养起批判的意识，成为具有批判意识的公众。公众观念虽然"尚未真正出现，但已在酝酿之中"。

贺加斯所绘"诗意的文人"

"为生计写作",今天这句话虽然依然会引起诸多争议,但它已成为很多体制外文人的生存方式,因此为公众所理解和宽容。但对格拉布街文人而言,"为生计写作"除了反映了他们艰辛的生活,更多的则承载了世人的鄙夷与不齿。让我们暂且摘掉偏见的有色眼镜,退回到历史的语境,触摸当时格拉布街文人真实的生活状态。

为生计而写作 第四章

政论者笛福

1703年9月，英国财政大臣戈尔多芬伯爵收到牛津伯爵兼北方部国务大臣罗伯特·哈利的一封信，哈利在信中建议戈尔多芬伯爵以女王的名义秘密给一个被关押在监狱中的囚犯送一笔钱，帮助这名囚犯交上罚款，早日获释出狱。经过哈利的斡旋，这名囚犯接受了来自政府的"赞助"，并于当年11月被获准释放。

这名囚犯就是中国读者非常熟悉的英国作家丹尼尔·笛福。中国读者对笛福的了解，大概都是由他的著名小说《鲁宾逊漂流记》始。小说中充满冒险精神的主人公鲁宾逊在荒岛上离奇的遭遇是许多中国读者耳熟能详的：出身于商人之家的鲁宾逊，不甘于像父辈那样，平庸地过一辈子，一心向往着充满冒险与挑战的海外世界，于是毅然舍弃安逸舒适的生活，私自离家出海航行，去实现遨游世界的梦想，但每次都历尽艰险。有一次风暴将船只打翻，鲁宾逊一个人被海浪抛到一座荒无人烟的海岛上，在那里度过了28年孤独的时光。小说的主要部分就是对他这段荒岛生活的生动记述。

《鲁宾逊漂流记》是笛福晚年的作品，也是他创作的第一部小说，但一经出版即引起巨大的反响。实际上，在此之前，笛福在英国就已经声名远扬，只不过这并不是因为他擅长写小说，而是因为他的政论文章。

坎坷的政论之路

1701年,伦敦街头一种名为"真正的英国人"的小册子受到人们热捧。这本小册子引经据典,怀古论今,史实资料信手拈来,叙述栩栩如生而又铿锵有力,作者观点鲜明,有力地驳斥了一些别有用心的人对来自荷兰的英国国王威廉三世的偏见,表示支持、拥戴威廉三世继承英国王位。

《真正的英国人》得到了英国大众的积极响应,自刊印后,四年内印行了九版。除此之外,伦敦街头还出现了12种盗版版本,销售十分火爆,销量一度达到80000份。

对英国历史稍有常识的读者都知道,威廉三世是1688年光荣革命期间英国的贵族们请来的国王。威廉三世来自荷兰,是仓皇出逃的前英国国王詹姆斯二世的女婿。作为一个外国人入主英国,刚刚继位的威廉三世遭到了一些贵族反对派的嘲讽。有人把威廉三世与英国历史上的"征服者威廉"相提并论,讽刺国王属于劣等民族,令新君十分不快。笛福在这时适时推出《真正的英国人》而因此博得龙颜大悦,获得了威廉三世的赏识,得以在政府中任职。笛福颇以这段经历为荣,他一度非常乐意自称是《真正的英国人》的作者。在笛

丹尼尔·笛福

福看来，能被国王重用简直是一种至高无上的荣誉。实际上，威廉三世对笛福的任用并不仅关乎荣誉，也符合笛福的宗教和政治信仰。

笛福1660年出生在伦敦的一个商人家庭，家人都信奉新教，笛福从小在专为新教徒设立的学校中受到良好教育，长大后也是一个坚定的新教徒。在威廉三世入主英国之前，笛福就已经子承父业从商多年，并经常在欧洲各地游历，可谓见多识广。17世纪末的英国正值资产阶级革命的尾声，虽然血雨腥风式的革命风暴早已偃旗息鼓，但英国国内不同宗教派别之间的冲突以及宗教派别背后的政治利益冲突仍未止息。当时的英国国王詹姆斯二世信奉天主教，虽然在斯图亚特王朝复辟之前，英国的新教贵族们就与国王有约在先，绝不允许詹姆斯二世在英国恢复天主教，但詹姆斯二世对此仍心存侥幸。詹姆斯二世上台伊始尚能按约行事，但之后不久，他就把之前的约定抛到了九霄云外，令广大新教徒心寒。查理二世的私生子、流亡海外的蒙默斯公爵是一名新教徒，一些新教徒借机纠集在蒙默斯公爵麾下，意图寻机返回英国，重登国王宝座，蒙默斯公爵因此被称为"觊觎王位者"。1685年，在政治上倾向于辉格党的25岁的笛福也投入蒙默斯公爵麾下，参加了公爵领导的新教徒起义，反对信奉天主教的国王詹姆斯二世。

这次起义以失败告终，蒙默斯公爵最终被送上了断头台，所有参加起义的人员，哪怕只有间接关系也都遭到了极其残酷的迫害。为数众多的起义者被逮捕甚至被当众处死，被判绞刑的有几百人，还有一千多人被卖到殖民地做奴隶。负责审讯起义人员的法官杰弗雷斯尤以"残酷"著称，"杰弗雷斯"这个名字后来一度成为横暴、非法及残忍的代名词。为躲避迫害，笛福一度被迫藏身墓地。据说，就是这次在墓地避难时,一块刻着"Robinson Crusoe"字样的墓碑吸引了笛福的注意。"Robinson Crusoe"(鲁宾逊·克鲁索)后来就成了《鲁宾逊漂流记》的主人公。1688年光荣革命期间,笛福又加入詹姆斯二世的女婿威廉的军队,赶走了詹姆斯二世,拥戴威廉三世继承英国大统,与辉格党结下不解之缘。《真正的英国人》发表后,笛福更是获得倾向于辉格党的威廉三世的重用。

笛福与辉格党的渊源不可谓不深,但两年以后,笛福突然改换门庭:背弃了自己的辉格党信仰,不仅接受了托利党政府的政治津贴,创办了代表托利党利益的杂志《评论》,还为托利党利益远赴苏格兰,为英格兰及苏格兰的合并奔走呼号。在旁观者看来,笛福前后矛盾的行为颇令人费解。但对笛福本人而言,这或许实在是一种

(上)蒙默斯公爵
(下)《鲁宾逊漂流记》的主人公鲁宾逊·克鲁索

无奈之举，也多少折射出以笛福为代表的格拉布街人当时艰难的生存状态。实际上，笛福转投托利党的行为事出有因。

1702年2月，威廉三世骑马时摔断锁骨，3月即去世。笛福的好运很快就随着威廉三世的去世而烟消云散。继位的安妮女王重用托利党人。托利党人控制的高等法院乘机迫害非国教徒，激起了非国教徒极大的反感。笛福再次因参与政治惹火上身。

1702年，身为新教徒的笛福出人意料地创作出版了一本名为"惩治不从国教者的捷径"的小册子。作为一名新教徒，笛福在文中却以一个极右派托利党人的口气，煞有介事地提出了镇压非国教教徒的方法：

> 如果这（不参加圣餐礼，不上教堂）是一件滔天大罪，侵害了国家的安宁与繁盛、上帝的光荣、教会的利益和灵魂的幸福，那么就让我们把它列入死罪，给以应得的惩处吧！
>
> 我们为了一些鸡毛蒜皮的小事把人送上绞架，为了一些不值一提的琐事把人们流放，但是对于一件触犯上帝和教会，危害宗教尊严的大罪却只处以五先令的罚金，这实在是一个基督教政府的莫大耻辱，连我在把这件事告诉后人的时候，都不禁扼腕叹息。

据说，此文一出，引起了许多非国教教徒的咒骂，而一些托利党人却十分高兴，他们像接受圣经福音书一样相信了笛福，相信了这本小册子的论调。高教会派的一位牧师在给一个朋友的信中写到这件事时说："我赞叹作者所说的一切，认为这本书的价值仅次于《圣经》和圣经评注,所以我把它当作手头最宝贵的作品。我乞求上帝让女王陛下记得把那里的建议付诸实施。"

但执政的托利党人可不是傻子。实际上,笛福用讽刺手法所写的夸张文字让人很容易就能看出破绽,这些意见过分夸张,恐怕连当时最顽固的托利党人也不会真正地想要执行这些建议,因而就显得十分可笑。但这件事却成为笛福祸福命运的转折点。1703年,国务秘书诺丁汉伯爵下令缉拿笛福。此时的笛福也意识到了事态的严重。危险袭来,笛福被迫一面躲藏起来,一面给诺丁汉写信,请求原谅。笛福甚至提出由自己出钱装备一队骑兵,由他亲自率领为女王效力的建议:

> 如承蒙女王陛下赐令,让我自费为陛下服务一两年,我将投诚,志愿去荷兰为陛下的军队冲锋陷阵,陛下指向哪里,我冲向哪里……如果我的行为可赎我的罪,并获陛下宽恕的话,我认为,上书陛下,请求宽恕,则更体面些。

但诺丁汉丝毫不为之所动,反而加紧搜捕。绝望的笛福最后请求说:如果实在不能求得宽恕,希望女王能用对待绅士的方式待他,使他能免遭"监禁、枷刑之类的惩罚"。

在笛福看来,枷刑示众是一种莫大的耻辱,"比死还坏",他宁愿忍受罚款或被关入狱,也不愿被上枷刑。当年5月,笛福被捕。法庭的判决恰恰是他最害怕的"监禁、枷刑",除此之外,还要缴纳罚款,并"保证此后七年里行为端正"。

所谓枷刑,就是让犯人站在临时在闹市搭起的高台上,头和两手分别放在枷板的三个洞里,枷板由一个高过人肩的架子支着。犯人上刑时,看热闹的人群通常会对受刑者叫骂,向受刑者投掷脏东西。7月29日至7月31日三天,从上午11点至中午12点,在行刑者的监管下,笛福分别在三个不同的地点受枷刑。不幸的是,这三处受刑地点都地处闹市,人口密集,人来人往,熙熙攘攘,政府正打算以此来羞辱笛福。

服刑的时间到了。万念俱灰的笛福被押上枷刑台,等待人群的叫骂与扑面而来的脏物。就在此时,奇迹出现了,围观的群众非但没有羞辱笛福,反而对他施以英雄般的礼遇。枷刑台的四周站满了对笛福充满同情的市民,他们为笛福的遭遇打抱不平,并向他投以鲜花,献上花冠,为他的健康欢呼。笛福此前所写的《枷刑颂》也适逢当天出版,观众争相抢购,很多人甚至当场朗诵其中的段落:

英国18世纪犯人受枷刑时的情景

笛福受枷刑的场景

喂,象征耻辱的皇枷,向你打个招呼,
你要对付的本是想入非非的狂徒,
大丈夫却不把你放在心上,
带上你也绝不会感到痛苦。
……
告诉他们,因为他太大胆,
讲出了不该讲的真相,
赞扬此地的法官吧,
他们惩罚了不能理解的行为。
告诉他们,他堂堂正正地站着示众,
因为他讲的话不中他们听……
告诉他们,把他抓来示众的人,
都是些时代的丑类,

他们讲不出他为什么是有罪的,

不能将他的罪行提交司法机关审判。

……

这次示众反而使政府出丑,笛福则从民众那里赢得了道义上的支持,赢得了胜利。

但这场官司却使笛福的经济状况陷入危机。笛福此前经营的砖瓦厂倒闭,他破产了。因

罗伯特·哈利

无力交付罚款,受枷刑后,笛福仍被羁押在监狱。走投无路的笛福向时任下院发言人的托利党人罗伯特·哈利写信求救。笛福在信中以丈夫及父亲的名义,措辞婉曲折又真挚感人地向哈利倾诉自己的苦闷:"我的七个孩子需要我对他们进行教育,如果我不能亲自教育他们,就必须向他们提供学费。这是我欠他们的一笔债,如果我现在还不了,今后永远也别想还清了。这个不可推诿的职责常常使我感到沮丧。"哈利此前对笛福的锐利笔风早就有耳闻,天赐良机,哈利马上于当年9月写信给财政大臣戈尔多芬伯爵,建议以女王的名义秘密送给笛福一笔钱交上罚款,希望以此转化笛福,创办刊物为托利党效力。

窘迫的笛福很快接受了哈利的盛情好意。经过哈利的斡旋,笛福在11月被获准释放。与此同时,在哈利的授意下,新锐刊物《评

论》诞生了。笛福每年从政府领取一定数量的津贴，摇身一变成了托利党的新闻斗士。对笛福而言，这次经历是他职业生涯中的一个转折点，他从此正式踏上了创办政党政治刊物的道路，而哈利也成为英国历史上第一个正式实行报刊津贴制度的政治家。在此，我们有必要详细了解一下什么是报刊政治津贴制度。

报刊政治津贴

所谓报刊政治津贴，就是由政府或政府反对派出钱"贿赂"报刊的印刷商、发行人以及撰稿人，或者由政府直接出资创办刊物，以达到控制舆论的目的。在17至18世纪，英国各届政府纷纷出资津贴各类刊物，来自政府的政治津贴也是当时格拉布街文人的主要经济来源。

除了笛福，我们所熟知的《闲谈者》与《旁观者》的创办者斯蒂尔、艾迪逊此前也都长期接受政府年金，为政府歌功颂德，有时还因吹捧有功被封以官职。1704年，西班牙王位继承战争中，英国前首相丘吉尔的八世祖马尔伯勒公爵约翰·丘吉尔率英军大败法军，取得布伦赫姆大捷，艾迪逊写长诗祝贺，得任上诉院评议员；第二年又发表《长征颂》，得年金400镑，并被委以国务大臣之职。笛福更是直接在哈利的支持下创办《评论》，为托利党争取社会舆论呐喊助威。

继支持笛福创办《评论》之后，1710年，托利党又创办《考察家》，由托利党宣传家斯威夫特担任主笔。辉格党也不甘示弱，针锋

斯威夫特

相对地在同一年创办《辉格考察家》，由诗人兼小册子作者约翰·塔钦任主笔。1720年，托利党又创办最早的政党日报《每日新闻》；而辉格党也津贴英国的首家同名日报《每日新闻》，《每日新闻》积极开展有利于辉格党的舆论宣传，成了辉格党事实上的党报。1735年，辉格党更是将支持它的多家报刊合并为一家新的日报《每日公报》，一直出版到1748年。

除了第一个正式实行报刊津贴制度的政治家哈利，政府重臣辉格党领袖罗伯特·沃波尔在出钱津贴报刊及报人方面有过之而无不及。

如果说哈利津贴笛福首先是出于笛福主动的恳请，那沃波尔津贴报人则是更加自觉的政府行为。沃波尔对报刊拥有的强大的舆论力量十分明了，津贴收买报刊成为他执政期间的一项重要政策。从1714年到1717年，从1721年到1742年，在沃波尔出任首相23年时间中，报刊津贴制度达到高峰，每年花费五万英镑。沃波尔算得上是在津贴报刊方面做得最成功的英国政治家。

沃波尔津贴的对象主要是大权在握的报刊发行人，偶尔也会收买报刊撰稿人。《自由英国人》的撰稿人威廉·阿纳尔每年从财政部得津贴6000英镑，而对一个正常劳动力而言，每年收入20英镑就已经很幸运了。反对派刊物《匠人》（1731年7月31号）控诉：沃波尔每年花费20000英镑补贴政府出版物。

当局不仅为拥护政府的报刊颁发津贴，而且给予各种便利，比如提供独家新闻、免费邮寄报刊等。《自由英国人》、《每日公报》等沃波尔政府的官报都享受免费邮寄、免费分发到咖啡馆的优惠；政府也乐意在这些报纸上刊登广告，给报纸带来一定的收益。

辉格党津贴的英国第一家日报《每日新闻》

除了津贴乐意为政府效劳的报刊，沃波尔政府还大力收买与政府唱反调的报刊，设法将它们纳入政府的新闻出版体制，《伦敦杂志》的转型就是一个典型的例子。

1720年，一份名为《伦敦杂志》的刊物上刊登了一系列被人们称之为"卡图来信"的社论文章。"卡图来信"署名"卡图"，作者实际上是两位激进的辉格党人约翰·特伦查德与托马斯·戈登。

"卡图来信"极力抨击以辉格党领袖沃波尔为首的"宫廷党"的政策，探讨了自由权利、代议制政府以及言论自由等问题。"卡图"认为：目前"辉格党"与"托利党"只是一对术语，它已经不代表

英国第一任首相沃波尔

任何实实在在的政治分歧。目前执政的只是一小撮辉格党人,其专横腐败比过去的托利党有过之而无不及。"卡图"最后呼吁人们联合正直的托利党人,放弃支持腐败的辉格党政府。

"卡图"的呼吁不禁令人心生疑问:就政治派别而言,沃波尔本人以及以沃波尔为首的政府均属于辉格党,"卡图来信"的两位作者也是辉格党成员。既然都属于辉格党,"卡图"为什么还要痛击同为辉格党代言人的沃波尔呢?要弄清这些问题,我们还有必要简单了解一下威廉三世继位后,英国两党在名称、内涵以及在政府中地位的一些微妙的演变。实际上,"卡图来信"正是以这些微妙的演变为背景的。

威廉三世在位前期,英国不仅流行着"辉格党"与"托利党"的称呼,还有"宫廷党"与"地方党"的说法。光荣革命前后,"宫廷党"与"地方党"在内涵上发生了较大的变化。斯图亚特王朝复辟时期,"宫廷党"与"地方党"几乎是"辉格党"与"托利党"的同义词;光荣革命后,在是否拥戴威廉三世继承英国王位的问题上,"辉格党"与"托利党"内部发生分化,拥护威廉三世继承英国王位的被称为"宫廷辉格党"与"宫廷托利党",有时简称"宫廷党";持反对意见者则被称为"地方辉格党"与"地方托利党",有时简称"地方党"。此时,"宫廷党"与"地方党"已俨然成了"执政党"与

"反对党"的同义词,已经不再单纯分别代指"辉格党"与"托利党"了。只不过在"宫廷党"中,"辉格党"占多数,"托利党"只是少数;在"地方党"中,情况恰恰相反,"辉格党"占少数,"托利党"占多数。

安妮女王死后,在汉诺威王朝统治期间,尤其是沃波尔政府执政期间,执政党与反对党的政治地位简直不可同日而语。汉诺威王朝的乔治一世是来自德意志的选帝侯,他本人对政党没有什么好感,甚至可以说十分厌恶党人。由于此前以哈利及柏林布鲁克为首的托利党人在西班牙王位继承战争中背弃了包括汉诺威在内的同盟者,首先与法国议和,致使这位好战的君主的计划泡汤,乔治一世便对托利党充满怨恨。而辉格党人由于历来主张限制王权,也引起了乔治一世的反感,他轻蔑地称辉格党人为"弑君者"。但是,出于巩固汉诺威王朝在英国的统治地位的考虑,乔治一世还是决定重用党人,尤其是支持汉诺威王朝继承大统的辉格党人。1714年,乔治一世刚继位,就不顾托利党在议会占据多数席位的事实,任命成立了汉诺威王朝的第一届辉格党内阁。在这届内阁中,有一位身材矮胖,举止粗犷,说话操着浓重乡音,但在演讲时却能准确地抓住问题实质的人物,他就是时任政府财政大臣的罗伯特·沃波尔。

沃波尔出身于一个家道富足的乡绅地主家庭,父亲是辉格党议员。沃波尔本人自1701年当选议员后,也开始了他漫长的政治生涯。由于获得了王室的支持和信任,加上其出色的政治才能,沃波尔成为英国历史上任职最久的"首相"。沃波尔前后两次担任"首相",共计23年。在沃波尔任职期间,辉格党由于其对手托利党的衰败而分裂为不同的派别,其中有的支持政府,有的则与政府对立,被称为反对派。沃波尔所倚重的除了几个辉格党团体之外，其他则主要是150到200名左右代表乡绅地主利益的非党派成员。沃波尔政府执政期间，英国政局整体稳定，但沃波尔为求得下院多数议员的支持，不惜利用掌管政府财政大权的条件收买拉拢议员，导致贿赂公行。时人以"秘密活动经费"为名称呼政府专门用来贿赂收买议员及选民的款项，仅这项用度每年就达4.5~10万英镑，历来为人所诟病。"腐败、专权"的沃波尔政府自然难逃像特伦查德及戈登这样的激进辉格党人的攻击。

"卡图来信"引人入胜的文体吸引了大量读者，同时也激怒了沃波尔政府。在沃波尔的授意下，政府最终设法收购了《伦敦杂志》。之前作为一份反对派报纸，《伦敦杂志》的读者为数众多，每年的销量可达15000份，盈利960英镑。变成官报后，《伦敦杂志》每年最多可售出8000份，广告收入也减半，年盈利跌至124英镑。

《伦敦杂志》被政府收购后，特伦查德与戈登相继辞职，"卡图来信"开始在《英国杂志》上登载。特伦查德死后，政府以要职肥缺贿赂戈登，授予他酒类许可证专员的职位，若接受这一职位，每年仅年金即可得300英镑。在利益诱惑面前，戈登接受贿赂，支持政府，《英国杂志》遂变为官报，由威廉·阿纳尔及马修·康卡恩主编。阿纳尔与康卡恩都是《每日新闻》的撰稿人。康卡恩还是接受了沃波尔"奖励"的报人，其"奖品"是西印度群岛高级律师。正如《格拉布街杂志》所解释的：

> 格拉布街省或者说是格拉布街州，像瑞士的那些地方一样，从来没有与任何一方结成攻守联盟来争夺权力反对

另一方，他们明智地保持中立。同时，他们中的成员随时准备为了高报酬而加入另一方，从来不问记者的职业道德。

《格拉布街杂志》的评论固然从某个角度道出了政治津贴制度下格拉布街并不为人所称道的一面，但是，此时到底有多少人是真正为自身的政治信念而写作？又有多少人因为各种需要而摆出某种政治姿态？想要正确评价政治津贴制度下的格拉布街，必须将其还原到历史的语境之中。

实际上，以哈利、沃波尔为代表的英国政治家能成功地"收买"笛福及戈登，报刊津贴制度之所以在很长一段时间内大行其道，除了笛福等格拉布街文人不幸的个人遭遇外，现实的制度因素同样不可忽视。这些制度因素包括17、18世纪日益松弛的出版检查制度、英国政党政治的繁荣以及格拉布街自身的经济状况。

如前所述，自1688年光荣革命后，英国政府对格拉布街的检查、控制逐渐放松。到1695年，议会直接废除了此前曾严厉执行的《出版许可法》。实际上，在正式废除之前，《出版许可法》执行起来已经不像以前那么严厉了。内战时期就曾在舆论战场上短兵相接的辉格与托利两党对舆论宣传的威力早已见怪不怪。时至今日，当年伯肯海德与奈德海姆之间激烈的论战似乎仍然历历在目。内战时期的出版检查制度虽因战事频繁并未得以切实有效地实施，但克伦威尔直接的军事管制以及复辟王朝报复性的反攻还是触痛了两党新闻从业者的神经，直至1695年议会正式废除《出版许可法》，格拉布街才真正迎来了欣欣向荣的春天。《出版许可法》废除后，此前还遮遮掩掩，不敢公开露面的新刊物马上现身，仅一个月内，就有七种刊物问世。辉格党与托利党此时都直接参与创办党刊，为争取议会选举获胜造势。因此，这些报刊在问世之初就带有很强的政党倾向，例如明显亲辉格党的《空中邮报》、支持托利党人的《邮政男孩》。

  一方面，各种新刊物如雨后春笋般涌现，另一方面，这些刊物的实际生存状态令人堪忧。虽然早在17世纪，格拉布街就深谙刊登广告能增加收入之道，但一直到18世纪，报刊的广告收入仍然微不足道，报刊赖以生存的主要经济来源仍然是其本身的销量。制约报纸销量提高的因素有很多，其中技术条件所起的作用举足轻重。但在18世纪，出版业在技术上并没有取得什么实质性的进步。报纸的版面设计及印刷方法都仍然延用古老的手工印刷模式。笛福的《评论》就是在老式印刷机上手工印刷制作的。传统的印刷技术因此在某种程度上阻碍了报刊大幅度提升刊物的印刷数量。在今天发行量达几百万份的报纸如果在18世纪则只能卖出几千份。此外，印刷新闻业的从业人员与以前相比也发生了一些变化。内战之前以及内战期间，印刷新闻的从业人员一般都身兼数职，往往既是书商，又是出版商、印刷商，有时还兼职编辑。更有一些其他行业的从业者，他们出于对印刷新闻的兴趣而投身这一行，他们往往具有多重身份。鼎鼎大名的奈德海姆曾干过医药，当过律师；伯肯海德曾经是教师；沃克曾是一名五金商，还当过牧师，就连笛福最初也没有想当一名专职记者，而是一心想要经商。几次商海浮沉之后，笛福才彻底转行，投身印刷新闻业，为政党利益作文鼓吹。而这种状况到了18世纪就有所改变，与之前相比格拉布街人的职业化水平明显提高，他们之中的很多人都成了专职的新闻从业者。一方面是只能获得有限收入的报刊以及格拉布街人日益提高的职业化水平,另一方面,则是格拉布街的持续繁荣。从表面上,这种状况的存在有点不可思议,有限的收入何以维持新闻从业者的生活?何以维持长久的繁荣?

其实,如果我们对18世纪英国的政局以及格拉布街自身的特性有一定的了解,上述问题就迎刃而解。首先,就政治局势而言,政党政治繁荣是18世纪英国政局的一个鲜明特征。当时在英国政坛上,托利党与辉格党双方你方唱罢我方登场,一度呈现双方轮流执政的局面。此外,18世纪的英国虽然已经告别了血腥内战,但此时的英国政局仍不稳定。托利党与辉格党争权夺利的斗争在继续;国际局势的动荡也时常会波及英国政局;詹姆斯二世流亡海外的儿子对英国王位仍虎视眈眈;英格兰与苏格兰的合并问题再次提上日程,等等。由于托利党与辉格党两党在上述一些具体问题上时有分歧,口水战几乎从无间断,这也促使它们对格拉布街施以经济援手。两党此举的意图无非是想借用格拉布街所拥有的舆论宣传优势,为各自的主张呐喊助威,增加上台执政的砝码。因此,从一定程度上说,18世纪英国政党政治的繁荣就是维系格拉布街繁荣的重要经济纽带,为一定时期内格拉布街的发展提供了一片沃土。其次,就格拉布街自身而言,像我们前面讲过的,格拉布街的报刊多数在问世之初就带有很强的政党倾向,这是格拉布街报刊的一大特性,更为政党津贴报刊提供了很大的便利。两党的"慷慨解囊"不仅在一定程度上解决了格拉布街文人的生计问题,久而久之还形成了一种政治家们心照不宣的制度,也就是我们前面所说的报刊政治津贴制度。

《出版许可法》废除了,为党派利益撰文鼓吹的报人也能获得政治津贴，但不论为哪个党派写作，格拉布街人都要冒一定的风险。在托利党人博林布鲁克眼中，政治上倾向于辉格党的格拉布街文人里德帕斯是一个"煽动性人物，文字诽谤的制造者，臭名昭著"。因撰文反对托利党政府与法国和谈，反对签订《乌特勒支和约》，里德帕斯被关入新门监狱，最终被迫逃往荷兰。塔钦也一直受到以严酷著称的杰弗雷斯法官的追查；塔钦的后继者——《空中邮报》的另一位作者——被指控诽谤安妮女王，被迫逃离英国。托利党文人同样有不幸者，查尔斯·莱斯利被迫逃离英国。除了政治迫害，格拉布街人还经常遭到暴力恐吓。塔钦的政敌常常威胁要狠狠地揍他一顿。1707年，政敌最终兑现"诺言"，塔钦遭到殴打，不久因伤重不治而亡。依托利党人斯威夫特之见：作为《考察家》的撰稿人，最好不要在夜间外出。笛福也曾收到匿名信，信中威胁要暗杀笛福，并派暴民推倒他的房子。

格拉布街文人的凄惨命运很值得人们同情，但实际上，在17、18世纪政治与宗教宽容刚刚起步的英国，因政见分歧遭逮捕、被迫流亡，甚至被处死的政治家也比比皆是，政治犯的处境一直不容乐观。托利党人博林布鲁克曾被迫流亡法国；津贴笛福的哈利也曾被关押在伦敦塔。这些人前显赫的政治家尚且命运多舛，遑论处于政治家羽翼下的格拉布街文人，他们的命运自然同样充满不可预料的变数。"煽动诽谤罪"、"煽动叛乱"仍然是政府借以打压报人，尤其是反对派报人的借口。格拉布街文人有时甚至要拿自己的生命冒险。一旦定罪就会被关进监狱，在新旧政府交接之前，在当朝统治者离世之前几乎没有获释的希望。

让我们回到笛福。尽管命运多舛,尽管受到暗杀的恐吓,但笛福似乎无所畏惧,他很快进入状态,开始为托利党人效劳。1704至1705年,笛福的首要任务是报道有关哈利的新闻,努力帮助哈利赢得选举。笛福的敌人怂恿极端派托利党人以及笛福的债主从中作梗,企图阻扰笛福。笛福不愧是第一流的记者,他有效地排除来自各方的干扰,继续报道有关哈利的新闻。

接受了哈利津贴的笛福恪尽职守,随时随地为托利党的利益鼓吹,甚至不惜充当"间谍"。从1706年秋至1710年春,笛福关注的焦点转移到苏格兰与英格兰合并问题。苏格兰与英格兰历来存在分歧。无论从种族还是从历史上说,苏格兰和英格兰都不是一回事。苏格兰人的祖先和爱尔兰人一样是凯尔特人,说的是来自凯尔特文明的古老语言,这种语言至今在苏格兰仍是官方语言。

苏格兰与英格兰的合并要追溯到1603年。英伦半岛当时正因为追随新教而与天主教廷决裂。因为担心继承人的问题引起宫廷斗争,信仰新教的英格兰女王伊丽莎白一世终身未嫁,没有子嗣。信奉天主教的苏格兰女王玛丽是伊丽莎白的远亲。按照规定,玛丽是伊丽莎白死后的合法继承人。但玛丽不愿意讨好伊丽莎白,更不愿放弃天主教信仰。随后,玛丽由于卷入了刺杀伊丽莎白一世的阴谋而被处死。伊丽莎白则在临死前将王位传给了玛丽的儿子詹姆斯。这样,年幼的詹姆斯同时成为苏格兰和英格兰两个国家的共主。在苏格兰,他是詹姆斯六世;在英格兰,他是詹姆斯一世。苏格兰和英格兰两个王国合并成为共主邦联。但苏格兰依然保留自己的议会、司法系统与政府。对于欧洲大陆来说,苏格兰和英格兰依然是两个国家。

詹姆斯一世执政期间，因为他而统一的英伦三岛实际上并不存在统一的社会条件，英格兰与苏格兰处于族群、文化的高度分裂与对立之下：苏格兰的贵族长老议会与英格兰议会为了彼此的政治利益冲突不断，都试图支配对方并改变对方的政体国体。詹姆斯一世的儿子查理一世执政期间，这些内部矛盾以血腥的内战作了最糟糕的了结。尽管在1606、1667和1689年，英联邦议会都曾提出正式合并法案，但都没有获得成功。

这种形势在18世纪有了转机。1700年，安妮女王的最后一个孩子夭折。这意味着：一旦安妮女王驾崩，苏格兰和英格兰王国就失去了共同的元首，两个国家的联姻将告吹。不过，此时苏格兰在巴拿马的殖民计划彻底失败导致国库亏空，英格兰王国又卡着苏格兰对外贸易的脖子；而英格兰则担心已经新教化的苏格兰选一个天主教国王，成为欧洲大陆天主教势力的前沿阵地。与此同时，苏格兰的新教贵族们对处死过三百多名新教徒的女王"血腥玛丽"也记忆犹新。

1703年，苏格兰议会通过法案，保留了安妮女王死后由自己选择国王的权利，明显表现出与英格兰决裂的

詹姆斯一世

意图。以哈利为首的英国政府大感惊慌,再次极力谋求英格兰与苏格兰的合并。

1706年,哈利派遣明为记者实为政府秘密特工的笛福潜入爱丁堡。此后一年多,一直到1707年12月,笛福就呆在苏格兰,控制《爱丁堡报》及《苏格兰邮递员》。笛福野心勃勃,宣称要为政府"消灭来自北方的威胁",为国库增加"取之不尽的人力宝库",为增强英国的力量开辟有价值的新市场。笛福利用手中所掌握的报纸,展开了有利于英格兰的舆论攻势,努力让苏格兰人接受英苏合并条约。

安妮女王

对这件事的风险笛福非常清楚。笛福曾在一篇文章中描述了苏格兰民众反对合并的场景,事后他还心有余悸地评论说:"苏格兰暴民是暴民中最糟糕的。"在给哈利的信中,笛福自认"生活中遇到的危险,不小于攻占城堡时的炮弹"。倡导合并的一名苏格兰贵族事后也回忆说:"他(笛福)是我们中的间谍,但我们对此一无所知,否则爱丁堡的暴民定会把他撕成碎片。"笛福的一名传记作者则写道:"1706到1707年冬季,笛福在苏格兰取得的成就是他在与众不同的私人生活和默默无闻的公职生涯中取得的最令人满意的成就。"有的历史学家甚至认为笛福是"情报界几百年来伟大的专

《爱丁堡报》

家之一"。

利用哈利提供的津贴,在苏格兰的笛福独自苦苦维持之前创办的代表托利党利益的《评论》。与《空中邮报》、《邮政男孩》一样,《评论》也是周三刊。但就内容而言,《评论》则独辟蹊径。顾名思义,《评论》是一家以刊登时政评论文章为主的刊物。在《评论》创刊之前,曾有多份此类的政评类刊物,像分别由莱斯特兰奇、塔钦创办的同名刊物《考察家》。在评论形式上,这两份同名刊物都以两人对话形式组织文章、品评时事并流行一时。但笛福并没有承袭莱斯特兰奇等人的做法,他选择公众关注的政治问题,亲自撰写散文式评论文章。笛福的论述相当通俗、有趣,他的写作原则是:"假设对500个不同职业的群众说话,要使每个人都听得懂。"《评论》因此吸引了无数关心时政和社会问题的读者,也获得了哈利等托利党人的赞许。

在苏格兰期间,笛福并没有舍弃《评论》这一有效的宣传阵地,而且每次都能准时出版,每期四小页,共出版了九年。与此同时,笛福还要撰写小册子、骑马遍访大不列颠、结交新朋友、拜访老朋友、疏通人际关系、向托利党主人汇报。用笛福自己的话说:"交我执行的具体指示,我都认为必须竭尽全力,尽我之能彻底完成","没有辱没使命"。笛福的精力实在令人感佩。

但笛福也有撑不住的时候。来自哈利的津贴时断时续,据笛福在给哈利的一封信中的自述,到1707年9月,他"已有五个月之久"没有收到哈利的资助了。"我还能怎么比喻我的处境呢?就像上了绞架的人,经过申诉之后,衣兜里装上女王的赦令;如今真是我最背运的时候……"丧失了哈利在物质上的"实质支持",此时的笛福"几乎是一身破衣,垂头丧气"。

笛福创办的《评论》

笛福恳请哈利"以您喜欢向我表达的那种合适方式,尽快使我摆脱困境"。笛福在信中还不忘表白对哈利的忠实:

先生:

您总是允许我向您直言。如果我现在有话不说,那对于您也有失公正,对于我自己就更不诚实了,所以请恕我直言。

……先生,我有幸来到这里,为您所选中,有幸为您效力。先生,您供养我,我可以向无所不知的上帝请求,我为您的服务都是出于忠诚。我没有辱没使命。在别人还不敢张嘴时我已经出版作品,我生活中遇到的危险,不小于攻占城堡时的炮弹,这也不是自诩。

乔治一世

回首往事，笛福或许会感到心满意足，能得到哈利的重用毕竟也是件很有光彩的事；而时过境迁，笛福又遭到冷落，处境令人叹息。

实际上，笛福的处境也在某种程度上反映了政党政治津贴的不稳定性。在政治家需要时，会慷慨地给予笛福这样的格拉布街文人以优厚的待遇；一旦政治形势有所变化，格拉布街文人则惨遭"遗弃"。

安妮女王死后，来自德意志的乔治入主英国，称乔治一世，开始了汉诺威王朝的统治。乔治一世重新启用辉格党人，哈利失势，笛福也审时度势，再度转变立场，转而支持辉格党。在1718年及1719年，笛福分别担任《白厅晚邮报》及《每日邮报》的主要撰稿人。随后几年，笛福又以"国外新闻翻译者"的身份为另一份同情托利党的刊物《周刊》撰稿。在为《周刊》撰稿期间，表面上，笛福是一个托利党人，但实际上，笛福一直在设法利用其影响削弱托利党人对辉格党政府的攻击，维护辉格党雇主的利益。但笛福的这项工作似乎没有取得什么成果，他很快被辉格党人召回。里德曾在《周刊》中就此事做打油诗一首：

就像老鼠定将从摇摇欲坠的房屋中出逃，

> **丹**转而赞助另一项事业,
> 留下可怜的**纳特**身陷泥潭,
> 为《白厅晚邮报》当雇员。

诗中的"丹"是"丹尼尔"的昵称,这里指丹尼尔·笛福;"纳特"是"纳撒尼尔"的昵称,这里指纳撒尼尔·米斯特,《周刊》的创办者,这首打油诗生动地嘲弄了笛福在政治立场上的善变。笛福在政治立场上的反复无常为攻击他的人提供了口实。有些人嘲讽笛福,说他是一个肆无忌惮、恶魔般的记者;他的政敌则嘲笑他是"为金钱出卖灵魂的无耻之徒、大江湖骗子、御用工具,有一杆专门造谣中伤的笔,一张出言不逊的嘴,是为面包写作、靠诽谤过日子的文人"。就连笛福的传记作者,对于笛福的评价,也摇摆不定、模棱两可:笛福要么是一个见风使舵、毫无原则的机会主义者,要么是一个蒙受无耻攻击、刚正不阿、矢志不移的君子。

对流言和中伤,笛福在生前虽然大部分时间一笑了之,但并不总是听之任之。必要的时候,他会拿起自己的笔,奋起反击。笛福犀利的笔锋、活泼的笔调、从不含糊其词的态度在他的回击中体现得淋漓尽致。当有人攻击他为获利而写作时,笛福这样回击:

> 哦!为面包而写作确实是一种可耻的职业!……世界上的一切职业除了为面包之外还为什么呢?我们为什么出售、经营、手提、肩挑、屈尊、奉承、盖房、拆房、倒卖再倒卖,这一切要不是为了面包又是为了什么呢?我们为什么航行、旅行、打仗和讲道,这些都为了什么呢?难道

不是为了面包吗?

对于自己的个人经历,笛福也有颇多感慨:"我在苦难学校比在学院学到了更多哲学,比在讲道坛学到了更多神学;在监狱中,我弄清了一个道理:敞开的大门并不意味着存在自由,自由也并不能随意进出。我曾走过坎坷人世路,也曾走过康庄大道;不到半年时间,便见识过国王的议事室,也尝过新门土牢的滋味。"笛福与妻子共育有两男五女七个孩子。除了还债,笛福还要努力尽到一个丈夫、父亲的责任。

实际上,迫于生活的压力,像笛福这样的格拉布街文人如果不接受政府津贴,他们的唯一选择就是撰写回报高,但风险也很大的反政府文章,因为反政府出版物往往拥有更多读者。

尼古拉斯·阿莫斯特是批评沃波尔政府的反对派刊物——《匠人》的重要撰稿人,但在阿莫斯特谋到这个职位之前,他曾试图谋求为政府写作但并没有成功。而拉尔夫·科特韦尔则先为批评辉格党的《匠人》撰稿,后来才成为辉格党官报《每日公报》的撰稿人。

在18世纪初期,格拉布街的经济来源比较有限,报纸的销量以及广告收入还不足以满足报刊的各项支出。来自政府的政治津贴一度成为报纸赖以为继的重要财源,而政府也倾向于用经济手段控制格拉布街。因此政府津贴制度在18世纪的英国大行其道。18世纪中期,报刊的销量有了很大的增长,从1710年的每周45000份上升为1756年的210000份。18世纪70年代,一份日销量达3000份的日报每年可刊载广告23000条,广告年盈利可达2000英镑。这极大地增强了格拉布街的独立性,津贴制度逐渐式微。

文学商业化的弄潮儿
——18世纪格拉布街文人群像

1738年3月,一个叫塞缪尔·约翰逊的年轻人从外郡来到了离格拉布街不远的圣约翰门。约翰逊是来伦敦讨生活的,虽然在此之前,约翰逊就对圣约翰门的名声早有耳闻,但这么近距离地接触圣约翰门在约翰逊来说还是第一次。望着景仰已久的圣约翰门,约翰逊的兴奋之情溢于言表。回到住处后,约翰逊随即提笔用拉丁文作赞美诗一首,寄给了一个名叫爱德华·凯夫的人。凯夫是一份名为《绅士杂志》的刊物的创办者,虽然此次凯夫并没有接受约翰逊的稿件,但早在一年前他就已经是约翰逊的雇主。而凯夫所创办的《绅士杂志》早在几年前就已经在英国各地声名远播,引起了像约翰逊等有志于文字创作的年轻人极大的兴趣。《绅士杂志》的办公地点设在圣约翰门,这也是后来成为英国文学巨擘的约翰逊"满怀崇敬地仰视它(圣约翰门)"的缘由。实际上,《绅士杂志》与约翰逊的交汇代表的是18世纪英国文学商业化的大潮与这股潮流的弄潮儿——格拉布街文人——的风云际会。

《绅士杂志》诞生于1731年,

爱德华·凯夫

而早在1725年,笛福就曾这样感慨:"写作正成为英国商业中一个十分重要的分支,书商是制造场主或雇主,众多作家、作者、抄写员以及所有舞文弄墨的人,都是受雇于这些制造厂主的工人。"笛福的观察是准确的。

格拉布街在18世纪中期前后迎来了发展的繁盛期。各种类型的刊物涌现,其中,有的涉及政治较多,有的文学性较强,还有的则兼容并包,各色文章杂陈。虽然性质各不相同,但这些刊物在用人上有一个共同点:大量雇佣格拉布街文人。创办于1727年的《常识》,创办于1730年的《格拉布街杂志》,创办于1731年的《绅士杂志》,创办于1732年的《每周杂录》,与《每周杂录》针锋相对、创办于1735年的《老辉格党人》,创办于1741年的《威斯敏斯特杂志》,创办于1743年的《古老英格兰》以及笛福与女婿亨利·贝克创办的《世界观众》都曾是格拉布街文人的雇主。

在林林总总的刊物中,《绅士杂志》尤为惹眼。《绅士杂志》是英国第一份在刊名中明确使用"杂志"一词的刊物。这份刊物包罗万象,上至评论文章、新闻摘要、诗歌、散文,下至出生通告、结婚通告、讣告以及新书目录等不一而足,内容之丰富完全与名字相吻合,绝对称得上是一本真正的杂志。此外,《绅士杂

笛福的女婿亨利·贝克

志》关注家庭生活、社会改良及民众娱乐,也经常影射时政,雅俗共赏,在读者中具有很强的号召力。在18世纪中期报刊的月发行量普遍维持在两三千份的情况下,《绅士杂志》的发行量则接近一万份,这在当时绝对是一个了不起的成就。

《绅士杂志》的成功与其创办者爱德华·凯夫的经营息息相关。凯夫是一个很有头脑的生意人。22岁时,凯夫就在诺维奇经营一家印刷所并出版周报《诺维奇公报》。繁荣的格拉布街使凯夫萌生了一个大胆的想法:创办一份内容广博、包罗万象的刊物。为此,凯夫曾多方游说,希望能找到合伙人。但不幸的是,没人对凯夫的想法感兴趣。不甘心就此止步,凯夫破釜沉舟,拿出自己多年的积蓄独自创办了《绅士杂志》。像呵护自己的孩子一样,凯夫精心经营着《绅士杂志》,据说,他几乎很少离开设在克拉肯维尔区圣约翰门的办公室。

为吸引读者、提高销量,凯夫在这份刊物上刊登读者可能感兴趣的任何文章。凭借凯夫在各郡构筑的书商合约网,《绅士杂志》的销量十分可观。乡下的读者每周只需花两便士,每月只需花六便士,就能阅读十二篇左右评论文章。《绅士杂志》在伦敦及外郡都有很大的影响力,来自利奇菲尔德的塞缪尔·约翰逊第一次造访伦敦时,曾"满怀崇敬地仰视它(圣约翰门)"。实际上,《绅士杂志》不仅吸引了约翰逊,很多有志于创作的人也摩拳擦掌,跃跃欲试,准备借《绅士杂志》的宝地一展拳脚。由于内容驳杂,《绅士杂志》确实需要很多不同类型的稿件,这为生活艰难的格拉布街文人提供了来之不易的工作机会,《绅士杂志》因此成为众多格拉布街人投稿的乐园。《格拉布街杂志》为此曾以讽刺的口吻称凯夫为"格拉

位于伦敦克拉肯维尔区的圣约翰门,《绅士杂志》创办与经营者凯夫办公室所在地

布街的首席工程师"。

　　格拉布街文人究竟是怎样的一群人呢？一般而言，格拉布街文人普遍受过教育，而且大都来自外郡，但一心想凭自身努力在伦敦打开一片天地；他们热衷于创作，除了手上的笔，别无其他谋生工具；他们生活困顿，虽然他们之中不乏伟大人物，但大多数人在生前都籍籍无名；他们蜗居在格拉布街的阁楼，因此被人们称之为格拉布街文人。生活困顿似乎是格拉布街文人的宿命，写作则是格拉布街文人赖以摆脱悲惨命运的寄托。格拉布街文人又是时代的弄潮儿，他们与英国18世纪文学商业化的浪潮相伴而生，他们的创作因此显得不那么单纯，而注定与市场、与金钱交织在一起。这种状况既开创了英国18世纪文学创作的新纪元，同时又为人所诟病，成为格拉布街文人生命中永远的痛楚和擦不掉的"污点"。

　　实际上，在创办《绅士杂志》之前，补鞋匠的儿子凯夫也曾是格拉布街文人中的一员。凯夫曾在伦敦从事过各种文学雇佣工作，他担任过米斯特《周刊》的抄写员，还在邮局拥有一份工作。利用职位之便，凯夫为乡下的报纸提供来自伦敦的消息，为伦敦报纸提供来自地方报纸的文章。据印刷商约翰·尼古拉斯回忆：凯夫每周以一畿尼的价格向一名伦敦记者提供来自地方报纸的信息。最终，凯夫积攒了足够的资金，买下了一所印刷所，在圣约翰门设立了办公室，并出版了很多小册子。

凯夫是幸运的，但他手下的格拉布街文人却并不都像他那么幸运。《绅士杂志》创办前后，伦敦大约有一百余名男男女女的格拉布街文人几乎完全靠摇笔杆子谋生。与当今数量庞大的"漂"在城市的外乡人比起来，100这个数字确实很渺小，但18世纪的伦敦文学市场也刚刚起步，读者数量无法与今天同日而语。两相对比，100就是一个比较庞大的数目。过多的文学从业者的涌入，已经远远超出了市场的承载能力。在严酷的现实面前，这些来自外乡的寻梦人碰得头破血流，很快就意识到伦敦并非传说中的天堂。为了生存，他们只好先收起梦想，从事时人看来不入流的工作。受雇的记者、报纸撰稿人以及"文学苦力"往往是格拉布街文人工作的首选，但也是无奈之选。在格

凯夫创办的《绅士杂志》

拉布街逼仄的阁楼里，他们编写目录、校对文稿、编撰字典、翻译并写一些应景诗歌。格拉布街文人没有富裕的"赞助人"资助，也没有固定的收入，他们完全为生计而写作。

在世人眼中，来自爱尔兰都柏林的格拉布街文人塞谬尔·波伊斯"没有诚信，声名狼藉"，是一个文学万事通。这个文学圈的边缘人物一生中穷困潦倒，父亲去世前一直靠父亲资助。父亲死后，波伊斯失去了生活来源。两年后波伊斯前往爱丁堡碰运气。在爱丁堡期间，波伊斯创作的诗歌博得了一些贵族的赞赏，依靠赞助人的资助，波伊斯勉强维生。1731年，波伊斯的一卷诗集使他声名鹊起，一位公爵夫人推荐他到爱丁堡海关就职。启程当天阴雨连绵，自由惯了的波伊斯因此耽误了行程，就此放弃。1737年，波伊斯来到伦敦，靠为报刊写诗过着三餐不继的生活。在最窘迫的时候，波伊斯甚至没有出门穿的衣服，只能裹着一床挖了两个洞的毯子坐在床上，而毯子上的洞刚好可以伸出他握笔疾书的手。在迫不得已必须外出的时候，波伊斯就穿上自己设计的衬衫：把白纸剪成纸片，分别绕在手腕上、脖子上。由于实在没有体面的衣服，波伊斯便常常以这样的装扮出门会客，与书商们洽谈文学"生意"。

波伊斯经常写信向凯夫求助："先生，昨天我已写信向您说明了我目前糟糕的情形。每时每刻都有人威胁要把我从这里（杂货商巷的Spunging-house房子）赶出去，因为我已经没钱支付两天前的房租了，而这里一般要求预支房租，……我希望您会好心送我半个畿尼帮我度过难关，直到我完成手头上您预约的文章……自从周二晚上来到这里我就没有吃过任何东西。讨债的人会随时脱下我的大衣拿去抵债，如果真是这样，我只能赤条条地进监狱了，一想到这一点我就不寒而栗,恭候您的答复。"

波伊斯的窘境凯夫完全看在眼里,但精明的凯夫在商言商。凯夫把这种窘迫作为与波伊斯讨价还价的砝码。以波伊斯的贫穷为赌注,凯夫坚持以"一个长百行"为标准单位付酬。所谓"长百行",其实就是要求诗人在原来的100行的标准之外多写10行或者20行,但多写的部分不支付任何报酬。

不可否认的是,虽穷困潦倒,但波伊斯写得一手好诗。1741年到1743年期间,波伊斯经常用"Y"或者"Alceus"的笔名在《绅士杂志》上发表诗歌,翻译稿件,凯夫则以一百行为单位购买波伊斯的诗歌。《绅士杂志》刊载了波伊斯创作的大量诗歌,但这些诗歌并非专门为《绅士杂志》而写,其中的很多首诗早在波伊斯结识凯夫之前就已经完稿。波伊斯自然也不会一稿专投,他曾把这些诗寄给了任何可能付给他稿酬的人。

波伊斯一生中创作颇丰,留存于世的共有六卷诗文。波伊斯曾以每行三便士的稿酬把英国文学家乔叟的作品引入现代英语,使之现代化。18世纪的英国文学家菲尔丁对波伊斯的《天神》称赞有加,并在《汤姆·琼斯》一书中引用此诗。

与波伊斯有着相同际遇的格拉布街文人还有很多,除了我们熟知的笛福,约翰·邓顿、耐华德以及汤姆·布朗都是"17、18世纪转折时期伟大的格拉布街人物"。自1696年创办《佩加索斯》,邓顿还接连创办了多家刊物,其中既有每周发行三次的报纸,也有月刊及各种指南,当然,其中也不乏在我们看来品味低下的妓院指南,但在西方,如不从道德方面考虑,这也是一种正常现象。邓顿最为人所知的是他创立的"问题专栏",在17世纪未出版的《雅典信使》中,

邓顿

邓顿曾在这一专栏中,刊登了回答读者问题的答案,开创了编读往来的历史。

在18世纪文学商业化的大潮中,格拉布街文人按劳动量领取薪酬,计酬标准就是他们创作的诗歌行数或者所写文章的长短。他们是商业化了的作家、记者。书商强有力地支配着这些无名的作家,他们沦为书商的雇工。为了维持生计,不管稿费几何,格拉布街文人只能接受。格拉布街文人中的一员理查德·萨维奇曾写过一篇近乎自传的《供租的作者》,在文中,萨维奇用生动而又自嘲的语言,栩栩如生地展现了格拉布街文人与书商的关系:

他(柯尔,18世纪英国的一个出版商)控制了我,为我提供了几个月的伙食,让我呆在顶楼上重操旧日的苦力活。他让我以蒲柏或者斯威夫特的名义胡乱编造淫秽与渎神的文章。我有时是盖伊先生,有时又是伯纳特或者艾迪逊。我删减历史与游记,翻译根本不存在的法语书,而且擅长为旧书寻觅新的书名……。总而言之,我是一个理想的城镇作者:我憎恨人类,但有时我是一个坚定的爱国者。我很穷,……但我很自豪,看起来与之矛盾的是,当涉及到文学共和国的福利,也就是我自身的利益时,我也绝不会固守低劣的行为,这看起来还真是个矛盾。我的笔像瑞士人的剑或者律师的辩论一样,随时听候金钱的差遣……

处在文学界最底层、生活朝不保夕的格拉布街文人还要时常面对成功人士的讥嘲。曾遭到蒲柏嘲讽的格拉布街文人耐华德说过:

(我们)与妓女十分相似……如果要问我们为什么要干这种臭名昭著的下贱的、写小册子的工作,答案就是:暗淡的命运导致的不幸境遇逼着我们干这一行来养家糊口。

邓顿创办的《雅典信使》

在约翰逊看来:"他们(格拉布街文人)是贫困且默默无闻的一族,普通人不能理解他们的用处;他们生前未获承认,死后无人同情;他们长期遭受侮辱却没有辩护者,遭受别人不公正的指责却没有人向他们道歉。"身为格拉布街文人的邓顿对自己不稳定的生活也深有感触,他曾力劝行外人不要梦想靠写作谋生:"当我看到一个有才华的人仅打算当一个诗人……我可以肯定的是,这个人入错了行。"

在格拉布街文人中，为数众多的记者是不可忽视的群体。这些记者看上去像是一些游荡在喧嚣街头的"闲逛者"，实际上他们是在为报纸打探各种消息。

由于政府严格控制信息传播，在18世纪早期，新闻出版物获取消息的来源十分有限。开始时，格拉布街主要依靠《伦敦公报》等官方报纸，以及欧洲大陆的报纸提供新闻信息。几乎所有的报纸都可以得到这两个信息渠道提供的消息。当时的出版界也还没有版权保护的意识，不同的报纸之间互相抄袭的现象普遍存在。正如约翰逊所见："（报纸）在晚间讲早报上的故事，第二天早上又讲述头天晚间讲的故事。""新闻"不新，似乎变成"旧闻"。

假设某家报纸想吸引读者的眼球，就需要刊登独家新闻或者与众不同的新闻。这也意味着这家报纸必须独辟蹊径，开拓与众不同的消息渠道。因此，报纸越来越依赖来自非官方的消息。各家报刊纷纷派出记者，收集咖啡馆、旅馆中晚间传播的各种闲言碎语、谣言以及从战场归来的士兵讲的故事。这些消息极大地丰富了报纸的内容，但这些消息来源的可靠性也常常令人怀疑。正如18世纪深受读者欢迎的随笔式刊物《旁观者》的创办人之一艾迪逊所评论的：

> 我认为富有创造性的兄弟会——我指的是大不列颠的新闻记者，不论是《邮政人》还是《邮政男仆》，而我有幸成为其中的一名无名小卒——比士兵们更英勇，兄弟会攻占了更多的城镇，打响了更多战斗。当我们的军队按兵不动之时，兄弟会在组织小规模战斗；当围攻者悄无声息地呆在战壕里时，兄弟会却正发起多处攻击；几周前，在我

艾迪逊

们的将军们攻城掠地之前,兄弟会就已经封我们为几个坚固城镇的首领;当我们伟大的长官满足于合战的结果时,兄弟会已经取得了辉煌的胜利。在尤金亲王杀死上千人的地方,博耶(一名格拉布街文人)杀死了一万人。

报纸的报道与实际情况之间不符,或许也是格拉布街文人声名狼藉的原因之一。但是我们应该看到,在18世纪初期,政府对消息的控制仍然相对严格,有些信息是不允许民间报纸报道的。市民关心的英国议会新闻就在严禁报道的新闻之列。在缺乏确切的官方消息的情况下,格拉布街的记者们就要各显神通,从各种渠道获取一手、二手甚至是几手消息,这不可避免地使消息的准确性出现偏差。

在当时很多人眼中,记者是最典型的"唯利是图的雇佣文人"。受雇于凯夫的格思里就是一个"愿意为钱写任何东西"的人。殊不知,记者之所以会给人留下这种"唯利是图"的印象,一定程度上是与现代报业自身的特点相关的。受雇于报刊的记者为报刊提供消息；报刊则为他们提供一份相对稳定而且可以较快到手、也更加易于衡量的收入。今天，人们对这样的交易习以为常，视之为市场的常态，但在商业化大潮刚刚出现浪涌的18世纪，这桩公平交易却要遭受世人的菲薄，不能不说是格拉布街文人的悲哀。

格拉布街文人的"独立宣言"

曾经满怀崇敬地仰视圣约翰门的塞缪尔·约翰逊博士堪称英国文学史上的大熊星座、一代宗师，他不仅口才出众、见解超群、记忆力非凡、成就卓著，而且颇有人格魅力。约翰逊披沥七载，倾全力编撰的《辞典》也像它的作者一样享有盛誉。这部巨著并不仅仅是约翰逊文字功底的见证，也不仅仅是一本颇有文学价值的工具书，它的成书还见证了以约翰逊为代表的格拉布街文人追求独立的决心与勇气。

1755年，经过七年不懈努力，约翰逊的巨著《辞典》终于问世。约翰逊的好友纷纷向他表示衷心祝贺，他的母校牛津大学也于当年正式授予约翰逊文学学士学位，以此向他致敬。对好友的祝贺、母校的致敬，约翰逊欣然接受，他一扫此前的郁闷，眉头舒展，表情轻松，与朋友频繁通信，显得十分开心。《辞典》出版前不久，英国的畅销报纸《世界报》上也接连刊登了两篇署名切斯特菲尔德爵士的文章，这两篇文章也不遗余力地盛赞即将出版的《辞典》，字里行间充满对《辞典》及约翰逊的溢美之辞。然而，约翰逊却委婉而态度坚决地回绝了这位显赫爵士的"垂青"。同样是对《辞典》的赞美，约翰逊却表现出截然不同的态度，事情的原委还得追溯到七年前。

1747年，已在文坛小有名气的约翰逊计划编撰一部辞典。在动手工作之前，约翰逊即意识到这项工作工程浩大，仅凭一己之力恐难以完成。为寻求帮助，约翰逊将《辞典》的编撰计划呈递给了当时的显赫贵族、享有提携年轻文人之声名的切斯特菲尔德爵士。实际上，自中

约翰逊所编撰的《辞典》

世纪以来，英国文学界即有一条不成文的规矩：大凡想在文坛崭露头角的文人，都需要贵族或官僚的提携帮助，也就是需要所谓的恩主。约翰逊将《辞典》写作计划提交给切斯特菲尔德伯爵，希望能得到伯爵的赞许和资助。

切斯特菲尔德当时集贵族、政客、作家的头衔于一身，附庸风雅，爱与文人往来，深受文人推崇。不料约翰逊几次奔走求见，他均未理睬，对约翰逊的工作以及他的《辞典》写作计划也表示不屑一顾。

对伯爵的冷淡，约翰逊最初还是感到有些失望。约翰逊生活向来拮据，父亲在世时，家里尚有财力送他到牛津大学读书，但后来父亲去世，家境衰落，约翰逊无力维持学业，只得在三年级时怆然辍学离校。

1732年，在一位朋友的力邀下，约翰逊来到伯明翰，并在那里

因为眼睛自幼罹患近视,约翰逊读书时需要贴近书本,但仍孜孜不倦

结识了比他大二十多岁的寡妇波特夫人。两人互相吸引,不顾家人反对和世人非议,毅然结为连理。婚后虽生活清贫,俩人却情笃意深,恩爱无比,被世人传为佳话。

为生活所迫,约翰逊办了一所私塾,教授拉丁文和希腊文,但仅招得三个学生。无法以此为生,约翰逊不得已关闭了学校,怀揣《伊雷恩》剧稿去伦敦碰运气,用他自己的话说,是想"凭借我的才气和智力去开辟我的路"。

在伦敦,约翰逊夫妇一开始无依无靠,过着极为贫困的生活。据约翰逊的传记作者包斯威尔回忆:约翰逊有一次前往拜访书商威尔考克斯先生,想投到威尔考克斯旗下,做一名签约作家。得知约翰逊想当作家,威尔考克斯仔细看了看身强力壮、身材颇为粗大的约翰逊,很认真地建议约翰逊"去买一根搬运工用的绳子"做脚夫。

约翰逊曾受雇于凯夫,在此期间,他生活窘迫,经常三餐不继,温饱都无法满足。1737年,在写给凯夫的一封信中,约翰逊署名:Yours Impransus,意为:没有早点吃的人。

1738年,约翰逊投往《绅士杂志》的稿件被采用,从此命运开始垂青于他。约翰逊创作的一些新闻稿件、散文、诗歌及传记此后陆续在《绅士杂志》上发表,约翰逊由此还跟凯夫建立了长期的友谊,他对凯夫一直心怀感激。此后,约翰逊的第一首重要诗作《伦敦》在《绅士杂志》发表，并大获成功，开始受到人们的关注。

约翰逊虽名满英伦，但生活一直拮据，此前从《伦敦》一诗中得到的收入甚至不足10畿尼。为生活所迫，约翰逊在编撰辞典之余主要靠写一些诗歌、剧作以及撰写新闻稿件养家糊口。1756年，约翰逊终因欠债而锒铛入狱，后来由小说家理查逊借钱给他才得以获释。1759年，约翰逊丧母却无以为葬，便连续秉烛七个日夜写了充满哲学意味的小说《拉塞拉斯》以应付母亲葬礼及债务。

伯爵的冷淡虽然让约翰逊稍感失望，但他却没有因此而自轻，也并未气馁。约翰逊卧薪尝胆，孤军奋战，披沥七载，终于完成这部鸿篇巨制。然而就在辞典即将出版之际，伯爵却接连在当时的畅销报纸《世界报》上撰写两篇文章，盛赞《辞典》是英国文学界空前的业绩，其沽名钓誉之心昭然若揭。约翰逊得知此事后愤而提笔，写了一篇文笔犀利、气势恢弘、文字华美的《致切斯特菲尔德爵爷书》作为答复，全文如下：

伯爵大人钧鉴：

日前，承《世界日报》业主告知，该报所刊对拙著《辞典》赞誉有加之两篇文章，实出于阁下之手笔。阁下对本人如此揄扬，诚三生有幸。本人素乏伟人提携奖掖，骤得恩宠，惶恐万分，不知该如何承受、如何致谢，始得其当也。

昔日，本人尝稍受鼓励，即趋阶请益。阁下言辞华美迷人，一介凡夫如我，何能免俗，禁不住陶醉神驰而沾沾自喜，大兴非独霸文坛而不罢休之豪情——曾几何时，阁下之言，虽犹在耳，阁下对我之垂顾，却已烟消云散，使我无论如何自欺,亦无法开释于怀。自问当初本人对阁下之尊敬忠诚,殷勤取悦,比诸任何煮字疗饥的文人,决不逊色,我已竭其所能,使尽浑身解数,仍然无法获得阁下垂青是可忍,孰不可忍也。

忆及当初本人或枯侯阁下于玄关,或见摈于大门之外,时光无情,忽焉已七载有余;当是时也,本人无一日不孜孜矻矻,夙夜匪懈,努力工作而无一字一句埋怨;如今大功告成,《辞典》行将出版,亦无人助一臂之力,致一安慰之词,或对我微笑示惠,以资鼓励。世所谓"恩主"者,与本人一向无缘,今后亦不敢由此奢望。

维吉尔诗中之牧羊童子,最后虽有幸结识爱神,但早已奄奄一息,僵卧于野,为时晚矣!

阁下,世之所谓恩主者,岂见溺不救,任其沉浮,不加理睬,及其登岸,又伸以援手,示以关切者之流耶?阁下对本人挖空心思之捧场文章,如果早来一步,不知使我将如何感激涕零,然而,事过境迁,一切均成昨日黄花,本人现已无心强颜欢笑,自我陶醉,当我孤独一人,呼天即不应,唤地亦无闻,现我功成名就,又何劳他人锦上添花,代为吹嘘。此乃出自肺腑之言,并非一时意气之争,尚希仁人君子不至于误解本人乃忘恩负义之徒,因我既无恩可忘,更无义可负也。

本人工作已近完成阶段,以往既未蒙任何文坛先进、衮衮诸公,提携奖掖,如今亦不会因此而伤心欲绝,肝肠寸断。对于一切事后溢美之词,最好能省即省,能免则免。

对于曩昔信以为真，全心以赴的千秋大梦，本人已梦醒多时！

此颂
约翰逊　再拜
1755年2月7日①

在信中，约翰逊用礼貌的语言无情地揭露了切斯特菲尔德之流的势力行径，彻底宣泄了郁积多年的愤懑之情，表达了一个格拉布街文人寻求独立的决心。

实际上，《致切斯特菲尔德爵爷书》也是一份格拉布街文人脱离贵族提携和保护的宣言书，标志着文人不得不依附权贵的时代结束了。

《辞典》编撰完成后，约翰逊表情轻松

约翰逊树立了格拉布街文人走上独立道路、成为"自由职业者"的榜样。约翰逊是不依赖贵族资助而成功地通过书商获得经济独立的新作者或"自由职业者"的最初代表。

---

① （英）包斯威尔：《约翰逊传》，罗络珈、莫洛夫译，中国社会科学出版社，2004年。

《匠人》合辑

在民主制度尚不十分健全的18世纪，在很多人看来，政治仍然是少数社会精英玩弄于股掌中的游戏，对普通大众而言，妄谈政治多少显得有些出格。但也是在18世纪，有那么一些格拉布街文人通过创办通俗政治刊物，逐渐揭开蒙在政治脸上的那层神秘面纱，使普通民众也有机会接触并谈论此前曾高高在上的政治，从而为英国民众参与政治铺筑了一条渐行渐远的道路。

第五章 走向大众的政治刊物

《印花税法案》

1712年,英国议会通过了一项专门法案,大幅度提高对小册子等出版物的征税额度。按照这个法案的规定:所有的印刷出版物,半印张或小于半印张者,每份课税半便士;半印张以上不超过1印张者,每份课税1便士;超过1印张(4页)而不足6印张者,印课税2先令;超过6印张的书籍、税单、报表均免税;每则广告课税一先令,小册子每期每印张课税两先令。此外,政府还规定:所有的定期出版物必须刊印印刷商的名字及地址。这就是英国历史上有名的《印花税法案》。虽然《印花税法案》的征税范围涵盖了当时所有的印刷出版物,但对时任英国国务大臣的托利党政要博林布鲁克而言,他真正想要对付的则是那些评论托利党政府政策的印刷品,其中以报纸和小册子为主。正是以博林布鲁克为首的托利党政府操纵着议会通过了这个法案。博林布鲁克为何如此仇视小册子等印刷出版物,要与它们为敌?故事还要从几年前的一场战争说起。几年前,同情托利党的作家斯威夫特写了一本激进的政治小册子,正是这本小册子把托利党送上了英国的政治舞台。

1711年,西班牙王位继承战争的阴云已在英国盘旋近十年,英国国内各界的反战人士尤其是托利党人对英国的参战早已提出了各种异议,但好战的辉格党政府却丝毫没有退出战争的意向。漫长的战争引起国内民怨沸腾,人们以各种方式表达自己的停战主张,其中,一份名为"盟国的行动"的小册子尤为引人注目。这位小册子作者写道:"十年漫长的战争后,我们已经胜券在握;这时却告诉我们和谈仍遥遥无期,真是令人惊奇。世上还有这等事!不论何派何人,都不禁怀疑被人利用,不禁怀疑得胜的消息是否属实,我们都急切地想要知道为什么和谈无法达成,究竟难在哪里?"

《盟国的行动》出版后,很快引起英国社会反战人士的共鸣。社会舆论对反战的托利党人十分有利。在此之前,托利党已经利用辉格党失去民心之机赢得了1710年的议会选举,组建了新政

《盟国的行动》作者斯威夫特

府,并由党内的两位要人担任政府要职,其中罗伯特·哈利任财政大臣,博林布鲁克任国务大臣。上任后的托利党人首先罢免了战争总指挥马尔伯勒公爵英军总司令的职务,积极寻求与法国和谈。同时,博林布鲁克还利用有利的舆论,马上着手创办报刊,大力抨击辉格党的对外政策,宣扬停战主张。《盟国的行动》就这样应运而生。在这份长达几百页的小册子中,斯威夫特列举诸多事实,无情地揭露辉格党人有意拖延战争的用心,对促进和谈发挥了重要的舆论动员作用。

1713年,参战各国终于齐聚荷兰中部城市乌特勒支签订了《乌特勒支和约》,西班牙王位继承战争就此结束。这场反战斗争能取得胜利,斯威夫特所写的《盟国的行动》功不可没,这件事生动地体现出了笔的力量有时大于剑的力量。

博林布鲁克

在两党围绕着是否停战而展开的舆论角力中,面对托利党人的舆论攻势,主战的辉格党人也不甘示弱,辉格党的宣传家也积极撰写小册子,反驳托利党人的质询。实际上,在1715年前后,像《盟国的行动》这样言辞激烈的小册子很常见,小册子仍然是表达激进政治言论的主要载体,与之相比,报刊的政治态度则一直比较温和。时任托利党人掌门人之一的博林布鲁克对小册子的威力心知肚明。为巩固托利党的统治,打压辉格党的舆论宣传力度,就出现了一开始我们所提到的1712年博林布鲁克操纵议会通过《印花税法案》的一幕。

博林布鲁克本意是想借《印花税法案》压制批评托利党政府的小册子等出版物,清除异见。但实际上,《印花税法案》的打击面却远远超出了博林布鲁克最初预想的范围。对正处于幼年的整个格拉布街而言,印花税确实是一项极为沉重的负担。斯威夫特在给他的精神恋人斯黛拉的信中写道:"它们(印花税法)是意图向所有的一便士报纸每半个版面课税半便士,这将彻底摧毁格拉布街。"艾迪逊在《旁观者》中写道:"我担心我们中间的周报历史学家极少有人能够经受得住印花税的重压。"他甚至预言:"印花税颁行之日,即是作家们挂笔之时。"当《印花税法案》在1712年表决通过时,斯威夫特断言"格拉布街已于上周死去"。

确实，法案一通过就导致了多家报刊停业。仅在伦敦，就有《杂录》、《补遗》、《考察者》以及《老实人》等多家报社歇业。在报刊发行量较小的各郡，因印花税法停业的报刊至少七家。

但并不是所有的报刊都坐以待毙，格拉布街随即与政府展开周旋。报纸想方设法利用"印花税法"的漏洞来偷逃纳税。原来，1712年《印花税法案》在措辞上存有漏洞：在规定大于半印张至1印张报刊的税率时用的是"for every printed copy"，即每份报刊课税1便士；在规定超过1印张但不及6印张报刊的税率时所用的措辞则是"one printed copy"，这可以理解为每期，或者每一印次或者每一印版中每印张课税2先令，而不是按照报刊份数课税。三周报《不列颠信使》是第一家利用《印花税法案》这个漏洞的报纸。印花税法刚一通过，《不列颠信使》就开始增张扩版，由此前的一印张（4页）扩充为一印张半（6页）。其他报纸也纷纷仿效《不列颠信使》的做法，至少将页面扩充到一印张半（6页）。由于英国当时的政治环境相对比较平稳，可报道的新闻较少。为了充塞版面，有些报纸还纷纷借鉴小册子的成功经验，把政治随笔、评论作为报纸的头条新闻，而且在设计版面时使用大字体、长标题等以填满篇幅，其中以周报最为典型。当时出版的周报多数都超过6印张，因为按照印花税法的规定：超过6印张的书籍等一律免税。18世纪20年代之后，越来越多的报纸开始采纳这个办法。这不仅直接促成了报纸政评类文章数量的增长，还致使1712年的印花税法的规定几近空设。

鉴于格拉布街扩充版面、偷逃纳税的实际情形，1725年，政府在第一个印花税法的基础上又颁布了第二个印花税法，堵上了被格拉布街利用的漏洞。各家周报又纷纷将报纸的版面由6页（面）压缩为4页（面），4个版面的周报流行起来。4版面周报由3个不同的部分组成，即：随笔或者社论、新闻及广告。随笔、社论在第一版，新闻在第二版和第三版，广告在第四版。此外，造纸、印刷技术此时也有所进步，可以为各家报纸提供更大型号的纸张。多家报刊利用这种进步，扩大每版的页面尺寸，压缩刊头的大小，为社论性的文章留出更大空间。社论的数量较以前大为增加，扩充到每个版面三个小专栏。这种版面形式日后逐渐成为报纸的固定版面格式。

印花税法意外地增加了报纸上政论文章的数量，而且就时效性而言，报纸上发表的政论文也优于小册子，政论文的作者通常可以连续几周阐述同一个问题，还可以追踪报道、阐述。更重要的是，评论者可以使用强大的武器——复制品。因此，报纸很快取代小册子成为政治评论的主要工具及平台。

印花税法颁布前后，伦敦出版的刊登政治评论的报刊有：约翰·塔钦的《辉格考察者》①、笛福的《评论》、斯威夫特的《考察家》、纳撒尼尔·米斯特的《周刊》以及《伦敦周刊》等，其中尤数《周刊》刊登的政治评论文章最为激进。

---

① 《辉格考察者》最初模仿莱斯特兰奇的《考察者》，以对话的形式刊登政治评论，但这种对话形式极不自然，因此没有持续很长时间，很快被诸如笛福的《每周评论》等报刊所取代。

激进的政治刊物——《周刊》

1716年5月,伦敦圣保罗大教堂附近的大宪章路,兜售报刊的小贩正在起劲地叫卖一份名为《周刊》的报纸。《周刊》包罗万象,刊载的文章通俗易懂,对时事的评论大胆而激进,一传十,十传百,很快就引来了为数众多的读者。大家争相传阅,阅毕还意犹未尽地讨论一番,社会上一时掀起了一股阅读热潮。《周刊》一时成为当时最流行的刊物之一,取得了巨大的成功。

《周刊》的成功首先在于它是当时第一份冒险刊登强烈反政府言论的周报。这在很大程度上取决于《周刊》的创办者纳撒尼尔·米斯特的政治立场。米斯特是大名鼎鼎的格拉布街出版商、记者,但关于他的早年生活我们知之甚少。米斯特第一次进入公众视野是在1716年,当时他经营着一家业绩不错的印刷所,并于当年开始出版自己的处女刊——《公民》。但不幸的是,《公民》艰难维持,仅出版了9期就寿终正寝。次年,米斯特的另一份刊物《星期三日报》问世,但也仅发行了5期;1718年米斯特又创办了《娱乐者》,《娱乐者》成功发行了38期,此后也与其他刊物合并。1716年5月,米斯特又在圣保罗大教堂附近的大宪章路创办《周刊》。在米斯特所创办的上述所有刊物中,《周刊》无疑是最成功的。

米斯特在政治上同情詹姆斯党人,所谓"詹姆斯党人"就是指托利党中的一部分成员及一些天主教徒,这些人企图拥戴流亡在外的英国前国王詹姆斯二世及其儿子——人称"王位觊觎者"的弗兰西斯·爱德华——在英国复辟。在此,我们不妨回顾一下自光荣革命后詹姆斯二世及其儿子的行踪。1690年,在光荣革命中被迫出逃的詹姆斯二世一行行至巴黎，受到法国国王路易十四的款待，詹姆斯二世随即投靠路易十四，每年从路易十四手中领取100万利弗尔的补助金，就此结束四处流浪的生活，在巴黎定居。11年后，詹姆斯二世病故，法王遂扶植弗兰西斯·爱德华为英国国王，称"詹姆斯三世"，人称"王位觊觎者"或"冒名顶替者"。一些托利党人死硬派及天主教徒追随詹姆斯二世及弗兰西斯·爱德华，希望有朝一日重返英国再造斯图亚特王朝，被人们称为"詹姆斯党人"。在"詹姆斯党人"中，有一部分追随詹姆斯二世及爱德华在海外流亡，另一部分则留在英国"蓄势待发"，米斯特就属于后者。利用手中掌握的《周刊》，米斯特雇佣各色匿名作者，斗志高昂、立场鲜明地抨击詹姆斯党人深恶痛绝的辉格党领袖沃波尔。但在抨击的同时，米斯特也很注意把握批判的技巧，对于哪些话可以说哪些话是政府明令禁止的，他非常清楚。一旦批判的话题涉及到政治或者涉及到贵族事务，米斯特就用讲寓言、讲虚构的历史故事的方式，巧妙地针砭时事，达到攻击沃波尔政府及汉诺威王朝的目的。尽管米斯特小心翼翼，但一旦他的策略被政府识破，《周刊》以及他本人就会大祸临头。

可以说，几乎从《周刊》创刊之初，米斯特就惹祸上身。《周刊》经常放言无忌，令政府非常头疼，辉格党政府想尽各种办法干涉《周刊》的正常发行，有时甚至不惜直接对米斯特施以人身迫害。1717年4月，政府以"印刷诽谤政府的出版物"为由逮捕米斯特。同年12月，经米德尔塞克斯郡大陪审团的审理，判决《周刊》一案为"一项伪造的、煽动性的、诽谤性的、亵渎的文字诽谤"。仅1717年一年，米斯特就因《周刊》三次入狱。

由于直接惩处的效果欠佳，辉格党政府便暗中行事。政府甚至秘密安排笛福打入《周刊》内部，笛福此时已转投辉格党，他表面上是米斯特《周刊》的雇员，为《周刊》撰写文章，暗中却着力削弱《周刊》对政府的批评力度。据说笛福不辱使命，他经常在私底下劝说米斯特减少刊载对当局极具破坏力的文章数量，不要起劲地攻击政府，还以朋友的名义暗中监控米斯特。笛福曾在1718年声称：由于他的努力，米斯特放弃了刊登讽刺性寓言的计划。笛福还断言米斯特已在他的掌控之下。笛福话音未落，米斯特又在当年因《周刊》两次入狱。

实际上，像《周刊》这样立场激进的政治评论性刊物在当时普遍都受到政府的侵扰。一旦被列入黑名单，邮局便不再邮寄这些刊物，这些刊物的印刷人也随时都面临煽动诽谤罪的指控，随时有可能被拘捕。煽动诽谤罪的指涉很广，根据政府的定义，任何有可能激起国民对国王、其继承者、政府、议会以及司法机构不满情绪的言论都属煽动性言论，即使这些言论言之有据。如果按照这项罪名的逻辑推论的话，格拉布街所有的政治评论都应该立即消失，不复存在。而判断一篇文章是否属于煽动性言论的权力完全由法官掌控，陪审团的职责仅限于根据法官的训令，确认被告人是否印刷过这样的文章。抓捕者只要持总逮捕令（General Warrants）就可以轻易地抓捕"犯人"，总逮捕令上甚至可以不用写这个"犯人"的名字。与煽动诽谤罪一样，总逮捕令也是政府最常用的胁迫出版界的武器。1715年至1759年期间，英国政府共发布七十多张针对报纸的总逮捕令。

1721年，米斯特又遭上院指控，罪名即"印刷诽谤政府的出版物"，米斯特此次再次被宣判有罪，被处以罚款50磅、入狱三个月、枷刑示众的惩罚。当米斯特服刑时，围观的群众并没有向他扔杂物、叫嚷，而是态度温和地欢迎他。由于没有能力交付罚款，1721年的大部分时间米斯特都在监狱中度过。此外，米斯特还要寻找一个担保人，保证他在以后七年里"行为端正"。

　　由于米斯特在政治上同情詹姆斯党人，而詹姆斯党人自恃只有弗兰西斯·爱德华才是英国王位的合法继承人，与来自德意志的汉诺威王朝"不共戴天"，因此《周刊》便经常刊登针对汉诺威王朝君主及其政府的"诽谤文章"，令乔治一世龙颜大怒。1723年，《周刊》再次刊登"诽谤政府"的文章。文章作者大骂乔治一世是一个"残忍、粗野、无知的老暴君，生了一个傻话连篇、愚蠢的儿子"。因为拒绝提供文章作者的信息，米斯特又一次被捕入狱，罚款120英镑，监禁一年。年轻的本杰明·富兰克林当时正在伦敦，他写到：由于被政府起诉，"米斯特宝贵的报纸正以半个畿尼的价格出售"。1727年，米斯特又一次因"诽谤国王"乔治一世遭到王室法庭关押、审判。如果这次他找不到一个担保人，不能保证他从此以后行为端正，就将被永远关押。

　　但米斯特仍"恶习不改"，《周刊》继续刊登反政府文章。1728年8月，《周刊》刊登了一封署名阿莫斯·德拉吉的"波斯人信札"。阿莫斯自称向读者讲述的是波斯的政治近况，按照阿莫斯的说法："这个不幸的帝国已经发生了篡权……"，篡权后的波斯政治腐败、自由沦丧。很明显，阿莫斯是借"波斯"讽喻英国；"篡权"则暗指来自德国的汉诺威王朝篡夺了英国王位。

　　政府很快组织了针对《周刊》的抓捕行动：20多人因"波斯人信札"的发表遭逮捕。但颇具讽刺意味的是：虽然遭到政府压制，

《周刊》销量不但没有锐减，反而成几何级数递增，价格也再次攀升到五年前的每份半个畿尼。大陪审团认为米斯特的文章"纯粹是诽谤，目的在于诽谤并诋毁伟大的圣上、其家庭以及政府，用嫉妒与猜忌毒害国王的忠诚国民，疏远圣上与臣民的感情"。在本案的最终判决中，除米斯特被判枷刑示众，监禁六个月之外，许多无关的人也在此案中受到牵连，包括米斯特的学徒及女仆。米斯特的女仆被判服六个月苦役，而且"被剥去背心，受到议会的惩罚"。

1728年9月，《周刊》又一次立场鲜明地攻击沃波尔及王室。在这次冒险行动中，米斯特的印刷所遭遇了灭顶之灾，前来抓捕他的人捣毁了整个印刷所，米斯特也被迫逃往法国。但米斯特继续在法国遥控经营，《周刊》更名为《雾霭周刊》，一位名叫查尔斯·莫勒伊的詹姆斯党人接管了《周刊》的印刷事务，米斯特逃亡后，莫勒伊一度担任《周刊》的编辑。《雾霭周刊》这个名字一直沿用到1737年米斯特去世。

逃亡法国的米斯特仍然马不停蹄地为詹姆斯党人效劳。1729年，米斯特移居法国北部港口城市布伦，为"老冒名顶替者"工作。米斯特负责在英国出版物上发表有利于詹姆斯党人的新闻故事，在英格兰设立与詹姆斯党人通信往来的秘密联络点。1730年，米斯特与莫勒伊一起冒险从法国船运葡萄酒到英格兰。实际上，运送货物只是米斯特传递秘密消息的障眼法。1734年，流亡的詹姆斯党人似乎抛弃了米斯特。1737年，米斯特获准返回英格兰并于当年在布伦去世。米斯特此时已穷困潦倒，为了支付他最后一次船运葡萄酒的关税，米斯特的妻子不得不典当了米斯特的动产。

尽管米斯特的个人命运有些凄惨，尽管他所效忠的詹姆斯党人最终也未能实现在英国重建斯图亚特王朝的"宏愿",但米斯特及《周刊》在格拉布街发展史上的重要地位却不容抹煞。《周刊》开创了格拉布街发展史上的诸多"第一":首先,在内容选择上,在《周刊》创办之前,《伦敦公报》、《每日新闻》等报纸主要刊登国外新闻及官方通告,只有少数社会精英对此感兴趣。米斯特却打破陈规,《周刊》更加突出国内新闻,增加国内新闻的分量。国内的各种社会新闻、奇闻异事、各型各色的人包括路匪、妓女、小偷等很多报纸不屑于关注的人物都受到《周刊》的关注。《周刊》刊载的国内新闻远远超过了之前的任何一份报刊。

其次,流行一时的《周刊》极大地扩充了报纸的读者覆盖面,尤其是来自社会下层的读者。在《周刊》出版之前,虽然来自社会下层的读者也能接触到报纸,但报纸的阅读群体主要是社会的上层及中层,也即从事政治工作、商业事业的社会阶层。米斯特着力增强《周刊》的吸引力与感染力,引起了社会下层读者的关注。除此之外,《周刊》还经常登载各种社会丑闻,善于用通俗的语言评述国家大事,也吸引了很多来自社会下层的读者。由此,一些不识字或者识字不多的人也开始对报纸感兴趣。对此,《每周杂录》曾评论说:《周刊》"在粗俗的大众中拥有广阔的市场"。而《伦敦公报》的编辑也认为:《周刊》的流行得益于"它写给普通人看"。18世纪在英国的许多外国人都惊呼:可以发现所有的阶层,甚至是妇女也在街头阅读报纸。

最后,《周刊》是当时第一份冒险刊登强烈反政府评论的周报。尽管《周刊》是为政治前途渺茫的詹姆斯党人呐喊鼓吹,就其评论内容本身而言没有什么太大的积极意义。但《周刊》敢于抨击政府、敢于刊登立场激进的反政府评论，这些已经在格拉布街的发展史上具有了开创性的意义，对英国政治的健康发展而言，也具有一定的积极作用。虽然米斯特及其《周刊》所尽心演奏的只是一曲政治悲歌，但它却使此前多少有些诘屈聱牙的政治刊物变得通俗易懂，并开始走近普通大众，也使格拉布街显得更加丰富多彩。

反对派的论坛——《匠人》

1726年11月5日，英国赫赫有名的政治家托利党人博林布鲁克与辉格党人普特尼联合创办的刊物——《匠人》——问世了。

就政党分属而言，博林布鲁克属于托利党，普特尼则是辉格党的重要成员，分属不同政党的二人联合起来创办《匠人》的举动貌似令人费解，实际上，这恰恰是18世纪初期英国政治力量分化组合的必然，也从侧面反映了博林布鲁克本人的政治心路历程。

做为《匠人》的创办者及最有名的撰稿人，博林布鲁克出身托利党贵族。1701年，年轻的博林布鲁克进入英国议会，很快就因精彩的演说才能崭露头角。1704年，同情托利

博林布鲁克

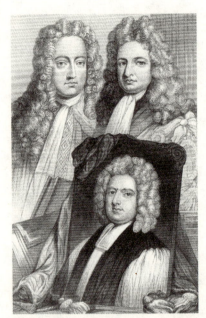

左起分别为博林布鲁克、哈利

党人的安妮女王继承王位后,博林布鲁克在政府任职,仕途得意。但辉格党很快在1705年重返政坛,并于两年后通过了《任职法案》,排挤托利党,托利党人因此失势,博林布鲁克也于次年追随牛津伯爵哈利离开政府。1710年,托利党的再次上台又一次把博林布鲁克带到了政治舞台的风口浪尖,博林布鲁克此次担任了国务大臣一职,辅佐财政大臣哈利管理国务,并成为托利党极端派的领袖人物。做为托利党极端派领袖,博林布鲁克醉心于斯图亚特王朝的复辟"大业"。他采取一系列极端措施打击辉格党,推行宗教迫害政策,并因此与不愿执行极端政策的托利党温和派领袖哈利意见冲突。1714年,博林布鲁克撺掇安妮女王罢免哈利,之后,一度独揽大权。

正当雄心勃勃的博林布鲁克想要借大权在握之机进一步打击辉格党、重新审查王位继承问题、阻止汉诺威王朝入主英国之时,噩耗传来,身体状况一直不佳的安妮女王突然去世,博林布鲁克的美梦也就此随着女王的仙逝而破灭。在女王弥留之际,博林布鲁克不禁扼腕叹息:"星期二牛津伯爵离职,星期日女王逝世,老天怎么会如此安排?命运为何如此捉弄我们?"

汉诺威王朝的乔治一世继位后，重用辉格党人，博林布鲁克的政治前途一片黯淡。1714年，辉格党人占多数的议会下令以"通敌"的罪名弹劾主持签订《乌特勒支和约》的哈利、博林布鲁克等人。哈利被关入伦敦塔，博林布鲁克仓皇出逃。议会宣布他为"叛国者"，并没收其所有个人财产。

博林布鲁克逃到法国后，仍醉心于斯图亚特王朝的复辟，很快他被流亡在外的"王位觊觎者"爱德华·弗兰西斯任命为"国务大臣"，组成海外流亡政府。爱德华想趁汉诺威王朝在英国立足不稳的时机，联合国内外反政府势力发动叛乱，伺机实现复辟梦想。但辉格党政府先发制人。1714年9月，政府逮捕了英国国内的反政府骨干分子，先后有多人入狱。不甘就此罢手的詹姆斯党人虽然先后于1715年、1717年、1722年三次发动叛乱并策划阴谋事件，但都被政府镇压，自此在政治上难有大作为。

1721年，辉格党的重要人物沃波尔上台。辉格党从此长期把持英国政权，并污蔑所有的托利党人皆为"詹姆斯党人"，想方设法地将他们排斥在政府之外。辉格党由此建立起长达二十多年

沃波尔

之久的一党寡头统治。

沃波尔大权在握,而托利党极端派则因支持詹姆斯党人复辟而名誉扫地,元气大伤,再次执政的希望渺茫。因与流亡宫廷的一些政要发生意见分歧,博林布鲁克也逐渐放弃了支持詹姆斯党人的立场,转而专心研究历史与哲学。

1723年,通过贿赂国王情妇,博林布鲁克获得乔治一世赦免,返回阔别八年的英国。此时的博林布鲁克已经放弃支持詹姆斯党人。1725年,政府返还了博林布鲁克的部分个人财产,但永久剥夺了他当选议员的机会。丧失了重返政治舞台的希望,博林布鲁克回到位于伦敦西部郊区艾士桥附近的别墅,时常与老友——同为托利党人的斯威夫特、蒲柏以及其他流亡时的朋友——聚会畅谈,并小心翼翼地开展反政府活动。为了与"詹姆斯党人"划清界限,以博林布鲁克为首的一些人自称"爱国党",意思是他们也热爱汉诺威王朝统治下的英国。

而辉格党此时虽然处于执政党的地位,但其内部并非铁板一块。因不满沃波尔长期执行的和平外交政策,辉格党内部已经出现派别之争,议会内的反对派势力迅速增长。对一直热衷政治的博林布鲁克而言,辉格党内部的这种分裂恰似天赐良机。博林布鲁克一方面努力

普特尼

恢复托利党的声誉,一方面力图与不满沃波尔统治的辉格党领袖普特尼联合。

1726年,博林布鲁克与辉格党反对派联合的不懈努力终于有了回报:当年11月5日,博林布鲁克与普特尼联合创办的刊物《匠人》问世了。正如其创办者博林布鲁克与普特尼皆为政府反对派一样,自诞生之初,《匠人》就把自己定位为一份反政府刊物。但在创刊之初,《匠人》只是一份评论小报,缺乏它日后所

《匠人》

具有的不俗的影响力。为了赢得读者,《匠人》很快增设了一个新闻板块,变成一份与《周刊》类似的四专栏周刊。

配合当时议会反对派的活动,《匠人》也重点关注国外事务。《匠人》攻击辉格党寡头政府,并发表文章为反对派的反政府活动辩护。做为一份反对派刊物,《匠人》吸引了众多名人为其撰稿,除了博林布鲁克、普特尼之外,小说家、《冠军》杂志的创办者家亨利·菲尔丁,格拉布街文人阿莫斯特等人也是《匠人》的热心供稿人,阿莫斯特还曾担任过《匠人》主编一职。由于撰稿人大多使用经过精心挑选的笔名,而且各位撰稿人有时会交替使用同一个笔名,因此除了这几位我们熟知的名人之外,还有不少无名作者曾匿名为《匠人》撰稿。在众多的撰稿人中,最有名、文章最具影响力的就是博林布

亨利·菲尔丁

鲁克。

作为反对党的活动家,博林布鲁克非常重视利用《匠人》开展理论宣传。博林布鲁克大约每两周在《匠人》上发表一篇政治论文,他曾先后使用过"乡巴佬"、"自耕农"、"格雷旅馆的凯莱布·丹弗斯先生"等各种笔名,其中尤以"格雷旅馆的凯莱布·丹弗斯先生"最为有名,使用频率也最高。博林布鲁克先后在《匠人》上刊发了近两百篇文章,包括著名的《论政党》。

在《论政党》的系列文章中,博林布鲁克从历史及理论两个方面分析英国政党和党派对立的现象,致力于巩固反对沃波尔的"两党"联盟。博林布鲁克曾撰文称:继续用"辉格党"与"托利党"称呼两党是不恰当的,而且已经过时了;当前的政治冲突是"宫廷党"与"乡村党"也即"腐败的宫廷党与爱国的乡村党"之间的冲突。博林布鲁克指出:"……这个时代没有,也不能有任何党派区别。共同的意识、同样的诚实无欺使现阶段在目前宪法指引下的人们协调一致了。"

博林布鲁克还呼吁"地方党"的各个派别捐弃前嫌，团结一致捍卫宪法，反对唯利是图的"宫廷党"人。在博林布鲁克的带动下，托利党宣传家纷纷发表文章，论述反对党理论，兴起了一股托利党宣传浪潮。1738年，托利党人莫勒伊编撰的托利党刊物《常识》发表文章，明确指出："爱国者不是不应当当官，相反，就像我们的宪法已经变化了那样，他担任官职要比不担任官职能做出更大的贡献。"

颇具讽刺意味的是，虽然此前博林布鲁克在担任国务大臣期间曾操纵议会通过了压制格拉布街的《印花税法案》，打压报刊，但此时他也要借助报刊这一平台抨击对手，鼓吹自己的政治主张。也正是在博林布鲁克担任主编期间，《匠人》成为政治反对派的重要理论论坛。

除了刊发理论性较强的政论文章外，在抨击对手之时，《匠人》在一定程度上也继承了激进政治刊物如《周刊》的一些特色：对当权者进行赤裸裸的、直白的挑战。这一点可以说是博林布鲁克等人有意为之，博林布鲁克的笔名之一"格雷旅馆的凯莱布·丹弗斯先生"中的凯莱布即意为"大胆的"。1727年1月27日出版的《匠人》第16期上就刊登了一篇言辞激烈的文章，这篇文章在攻击沃波尔的寡头统治时直截了当地指责沃波尔是一个"愚钝、残暴、邪恶的维齐尔"（维齐尔是对伊斯兰教国家的元老的称呼。）；是踩着议会的肩膀走上了通往王座之路；只有他的倒台才能使宪法重放光芒，而天地间都会回响起自由之声"。

《周刊》创办人米斯特逃往法国后，《匠人》继《周刊》之后，成为影响最大的反政府刊物。与《周刊》以及同时代的另外一些反对派政评类报纸相比，《匠人》具有自己独特的个性：首先，在立场上，《周刊》与《匠人》基本南辕北辙。《周刊》是一份不折不扣地支持詹姆斯党人的托利党刊物，对支持汉诺威王朝的辉格党反对派极为反感；而《匠人》却正竭力使托利党摆脱詹姆斯党人的影响，与辉格党反对派结成联盟。其次，《匠人》也有其独特的风格及特定的读者群。与较"粗俗"的《周刊》相比，《匠人》的文风更加严肃、更加理性。《匠人》的读者主要是受过良好教育的中产阶级精英以及了解民主政治与国际事务的人。《匠人》本身就声称自己代表的是"中产者阶层"。作为"地方党"托利派的新闻机构，《匠人》猛烈攻击沃波尔政府的腐败以及滥用权力的行为，控告沃波尔把一己利益置于国家利益之上，损害了"中产者阶层"。一位匿名作者曾评论说："《匠人》登载的新闻准确性较高，刊登的评论文章也更加理性，很容易与其他报纸区别开来"。再次，《周刊》支持的是没有政治前途的詹姆斯党人，因而上演的是格拉布街历史上的一曲政治悲歌，而《匠人》则成了托利党政治反对派的重要理论论坛。德国学者哈贝马斯对此曾评论说："以博林布鲁克为首的反对派在努力创造一种大众舆论，'这种舆论有共同的目标，并且意气一致，能够被调动起来，用于政治目的。所谓革新，不是蛊惑民心或喊喊口号，也不是喧闹的民众场面，……应该说，这种公共舆论是由另一种因素引起的，即一种独立的新闻业的建立。这种新闻业懂得如何确立自己与政府相对的立场，把针对政府的批评和公开反对立场提高到一种规范的高度'。"因此，可以说博林布鲁克开创了一种具有现代风格的政治新闻事业。正是由于存在着这种种不同，虽然有人曾设想将二者合而为一，但却从未实现。

截至1735年博林布鲁克再次流亡法国，《匠人》一直是反对派的时事论坛。有了《匠人》以及后来凯夫所创办的《绅士杂志》，报刊才真正成为具有政治批判意识的公众即第四等级的批判机构。在反对派运动活跃的时候，《匠人》每周的销量可达13000份。据格拉布街文人出身的英国作家哥德

哥德史密斯

史密斯观察：《匠人》销售的速度甚至超过了《旁观者》。1731年《伦敦周刊》控告《匠人》"每星期在人民中间散布一万份'煽动性的报纸'，使人民'伺机叛乱'，两三年来从未间断"。

《匠人》的流行使报刊等公共领域成为执政党与反对派新的战场，公开合理的讨论也成为新的斗争形式。反对派以报刊为阵地，不断批评"宫廷党"，甚至提出要与腐败斗争，保卫宪法。而受到抨击的"宫廷党"政府自然也不甘示弱。沃波尔也雇佣笔杆子、撰写文章、出版刊物，利用一切手段反驳《匠人》的抨击。《公报》、《每日公报》都是沃波尔的得力助手。在沃波尔执政期间，政党论争如火如荼，报刊上的政治新闻出现前所未有的增长势头。从这时起，政党论争的主要阵地逐渐转移到了格拉布街。

通过《匠人》等反对派刊物的宣传，地方党反对派的观点在各

郡广泛传播。在与受"权势"利诱的"宫廷党"对峙时,反对派作为代表国民的政党总是显得站在正义一边。许多中产者、小资产者都接触到了"地方党"的宣传,并接受了他们的观点,而且坚信不疑。以《匠人》为首的反对派刊物在营造舆论,在引导人们思考政治、政党的思路方面都产生了重要的影响,他们的理论宣传取得了极大的成功。从《周刊》到《匠人》,在舆论宣传由极端、激进向更加理性、务实的方向的转化过程中,托利党政治反对派旗下的刊物可以说完成了一次华丽而优美的转身。

《匠人》能取得辉煌的成就,除了博林布鲁克等人的努力,其他撰稿人默默无闻的付出也至关重要。在《匠人》成功的背后,蘸满了这些格拉布街文人的汗水与眼泪。曾与博林布鲁克、普特尼等人合用笔名"格雷旅馆的凯莱布·丹弗斯先生"的阿莫斯特就是其中的一位。

阿莫斯特命运凄苦。英国政府曾颁发总逮捕令,以诽谤罪为由抓捕《匠人》的印刷商,作为《匠人》撰稿人的阿莫斯特代印刷商向政府自首,随后即被关押。普特尼等人与政府和解后,却把阿莫斯特抛在了脑后。1741年,人称"赫西俄德库克"的托马斯·库克接替阿莫斯特担任《匠人》编辑一职。1742年,阿莫斯特在贫病交加中离开人世,年仅45岁。多亏了此前的一个雇主出资为他办了一个简单的葬礼,否则他只能像乞丐一样被埋葬。

接替阿莫斯特的库克也是一位从外乡来到伦敦讨生活的格拉布街文人。库克的父亲在家乡经营着一家小客栈。1722年,初来乍到的库克在辉格党人旗下做了一名雇佣作者,他与斯蒂尔、约翰·丹尼斯(英国评论家、格拉布街文人)往来密切。1728年,精通拉丁语及希腊语的库克把希腊语版的《赫西俄德》翻译成英语,因此获得了"赫西俄德库克"的美誉。库克著作颇丰,但一生中饱受经济困扰。1741年,库克担任《匠人》的编辑;1748年,因发表批评佩勒姆政府的言论,政府以"诽谤罪"为由抓捕库克。1756年12月29日,库克在贫困中死去,留下一对孤儿寡母相依为命。两年后,库克的女儿伊丽莎白也在济贫院中凄惨离世。

传说中《朱尼厄斯书简》的作者

对一份公开发行的报纸而言，在应对重大政治事件之时，它所刊登的文章若能在社会上收到一石激起三层浪的轰动效果，激起民众对时局的关注，也不失为一种成功。19世纪中后期的格拉布街就曾涌现出多份此类报纸，一度在英国社会掀起了不小的波澜，并最终以公共舆论的力量影响了英国政局的走向。

公共舆论的胜利 第六章

《北不列颠人报》第 45 期风波

1763 年 4 月 23 号,一份名为《北不列颠人报》的报纸在第 45 期刊登了一篇匿名文章。这篇文章以激烈的言辞直白地抨击英国国王乔治三世近来发表的议会开幕演说,谴责政府恢复王权、压制议会权利的行为,一时在社会上产生了广泛的影响,一场由报纸所主导,牵涉国王、政府及公众舆论的斗争由此打响了,人们称这场捍卫议会权利、争取言论自由的斗争为"《北不列颠人报》事件"。

这场斗争的主角——《北不列颠人报》——创办于 1762 年,其创办者是当时英国著名的政治激进派约翰·威尔克斯。《北不列颠人报》创刊时正值汉诺威王朝的第三位君主乔治三世在位时期。乔治三世是一位野心勃勃的君主,他一心想要在英国恢复国王的权威。乔治三世着意加强王权的行为与代议制发生了强烈的冲突。《北不列颠人报》正是在这一关口应运而生。在创刊之初,《北不列颠人报》就密切关注着当局的政策及英国的政治走向,利用报纸所独具的舆论动员力量,品评时政,臧否人物,调动公众参与重大政

《北不列颠人报》

治事件。可以说，在这一时期，以《北不列颠人报》为首的格拉布街在限制国王权力，捍卫代议制的斗争中发挥了不可忽视的重要作用。《北不列颠人报》事件缘何会发生呢？首先，我们有必要简单了解一下当时英国的政局。

"国王之友"内阁

自1688年光荣革命后，英国政局一直较为平稳地沿着君主立宪制确立的体制稳步发展，国王的权力在受到限制的同时，议会的相关权力则得到了保障。到18世纪中期，英国已经形成了较为成熟的议会制度。做为国家政治生活的中心、各党派活动的重要舞台，举凡国之大事，基本都要经过议会的讨论、审核；而议员则享有豁免权。威廉三世、安妮女王均能有意无意地顺应这一历史发展趋势，基本没有滥用王权，及至汉诺威王朝的前两位君主乔治一世及乔治二世在位时期，国王的权力更有如江河日下。1760年，汉诺威王朝的第三位君主乔治三世继位，这种从威廉三世时期一以贯之的局面却发

乔治二世

生了很大的改变。

国王权力的衰落，除了不可逆转的历史发展趋势之外，也与汉诺威王朝前两位君主的个人素质、脾性有很大的关系。汉诺威王朝的第一位君主乔治一世来自德意志，1714年自安妮女王死后入主英国，因不懂英语、不谙英国事务，乔治一世逐渐主动放弃了管理朝政的机

尚为威尔士亲王的乔治三世

会。乔治一世的儿子乔治二世则沉迷酒色，也不愿在朝政上分神。这两位乔治宁愿把国之大事放手交由位高权重的大臣来处理，自己乐得清净。久而久之，深得两位国王信任的辉格党逐渐坐大，国王在政府中的作用则逐渐减弱。

但乔治三世与其曾祖父、祖父不同。乔治三世出生在英国，自幼在母亲及老师布特的教育下长大。乔治三世的母亲深受丈夫——威尔士亲王弗雷德里克——的影响，弗雷德里克则历来与其父乔治二世不合，他甚至在其府邸召集"太子帮"，宣称有朝一日自己继承大统，不会像父亲那样，受内阁权臣的制约。受丈夫影响，乔治三世的母亲也看不惯沉湎酒色、懒理朝政的乔治二世，仇视专权的辉格党寡头。1751年弗雷德里克病逝后，其子年仅13岁的乔治成了威尔士亲王，乔治的母亲即以"乔治，要当一名国王！"教育儿子，告诫他一旦继位，就要打压辉格党人，恢复王威。

乔治三世的老师布特伯爵是来自苏格兰的贵族，1737至1741年间他做为苏格兰贵族代表进入上议院，此后曾加入"太子帮"，成为亲王弗雷德里克的心腹。弗雷德里克死后，做为亲王乔治的老师，布特深受孤儿寡母的信任。布特虽出身北方望族，家道富有，而且控制着苏格兰的不少选区，但在政治上，由于他并非英格兰人，而且不是下议院议员，在乔

布特

治二世统治时期时常受到辉格党寡头的歧视、排挤而始终进不了朝臣的圈子。可以说，在乔治三世上台之前，他的政治生涯并不得意。于是布特便在自己的弟子身上下注，他利用深受亲王信任的老师这一身份，向乔治灌输王者独尊和反辉格党人的观点，希望以此实现自己在政治上飞黄腾达的宏愿。母亲及老师的教育在乔治身上取得了显著的成效，乔治极为蔑视祖父乔治二世甘做甩手掌柜，听任阁臣专权的做法。在写给老师布特的信中，乔治三世袒呈心迹："老国王的行为使我羞为其孙。"

1760年乔治三世继位后，果真能恪守母训，决意恢复自光荣革命以来由于议会制度的发展而大大削弱了的王权。对于议会中的各个派别，尤其是多年来一直组阁的辉格党人，乔治三世表现出强烈

乔治三世

的不满和厌恶。在乔治三世看来,国家不该由党人治理,而应由国王的亲信代为管理。大臣也不应从一个党派中挑选,而应不论党派所属,由国王任意指定。简言之,乔治三世想在资产阶级议会制度确立和政党政治相当发展的条件下,当一名可以充分行使特权、站在党派利益之上的"爱国君主"。

乔治三世上台后,首先利用辉格党内部的分歧,采用各种手段打击辉格党人,并着手恢复王权。1761年春,英国各地开始大选,乔治三世亲自行使"恩赐权",把许多官职赏赐给他的支持者。为控制议会,乔治三世授意其老师布特伯爵专门设立特设财政管理办公处,拨付专门资金用以收买议员选票。乔治三世几乎每天都要审阅议会投票的报告,对按照他的意旨投票的人予以奖励。贿买等政府

斯莫利特

腐败现象比沃波尔当政时期有过之而无不及。

乔治三世还利用手中掌握的挑选大臣的权力,从敌视前任首相老皮特及准备全面支持国王的人当中选择新内阁人选,改组政府。1761年3月,布特被任命为国务大臣,成为政府中最有权势的人物。之后,一切比较重要的国家职务、教会职务以及军事职务的任命权都集中在国王及他的一小撮拥护者,即所谓的"国王之友"手中。乔治一世及乔治二世时期确立并巩固起来的代议制大大削弱,托利党一党独霸的局面形成,并一直延续到1830年。

除了政治上专权,乔治三世也十分注重占领舆论宣传的阵地,为其各项专制措施宣传造势。为此,国王的宠臣布特还专门创办了官方报纸《英格兰人报》。这份新报纸的得名据说源自乔治三世第一次在议会的演讲。在这次演讲中,乔治三世曾谈到他"以做一个英国人"而感到光荣。来自苏格兰的小说家托比厄斯·斯莫利特担任《英格兰人报》的编辑,利用这一平台大肆宣传乔治三世的各项专制政策。

社会舆论对国王的专权擅为极为不满,国王任命的布特政府尤其遭人痛恨。伦敦屡次举行要求撤换布特的大会及示威游行。但由于得到国王及议会的支持,一直到1763年底,布特牢牢地把持着政权。

针对这种情况,在坦普尔爵士(辉格党人老皮特的连襟,与老皮特持相同的政治观点)的支

威尔克斯

持下,政治激进派、曾追随老皮特的约翰·威尔克斯在1762年创办《北不列颠人报》①,并刊登文章,猛烈攻击政府政策,公开与《英格兰人报》唱反调。

作为40年前"卡图来信"的回音,《北不列颠人报》在创刊号中即毫不含糊地强调其自身所代表的出版自由的重要性,宣称:"出版自由是英国人与生俱来的权利,出版自由也是最牢固的保卫英国自由的堡垒。所有邪恶的政府都惧怕出版自由;因为出版自由洞

---

① 国内有学者认为"The North Briton"应意译为"苏格兰人报",理由是威尔克斯在1762年创办的杂志所以取名为"The North Briton",有其特殊意义。正是为了与当时布特政府创办的 Briton 杂志唱反调,才取名为"North Briton"的。The North Briton 嘲笑和抨击布特政府,因为它被普遍认为苏格兰人阁员太多,并过分重视苏格兰利益,因此"The North Briton"译为"苏格兰人报",更能反映威尔克斯取名的意义。——参见阜燮高:《一六八九——一八一五年的英国》(下册),商务印书馆,1997年,第106页。本文采用直译法,仍译为《北不列颠人报》。

悉政府的阴险图谋、弱点、无能及其两面性。"《北不列颠人报》很快得到了社会上一些知名人士的支持,威尔克斯的朋友、讽刺作家查尔斯·丘吉尔声援说:"我将使用每个北不列颠人不容置疑的特权,自由地阐发与我所在的组织相关的每一个问题……"

自创办后,《北不列颠人报》就一直大胆地利用宣传阵地,无情地攻击政府,揭露政府的腐败体系,称专职负责贿赂的官员是"一个曾经巴结上司,牟取书记职位的最不可靠、最低级、最自私、最吝啬、最卑贱以及最肮脏的人物"。《北不列颠人报》还揭露王室绯闻,披露了乔治三世的母亲与布特之间的私情,引起英国民众哗然。

1763年4月23号,在老皮特等人的授意下,威尔克斯又在《北不列颠人报》第45期上撰写匿名文章,矛头直指布特政府失败的对外政策及财政政策。据说,威尔克斯选择在第45期上刊发这些文章是经过精心考虑的。因为托利党曾于1745年拥戴詹姆斯二世的孙子——"年轻的觊觎王位者"查理·爱德华——在苏格兰发动政变,为斯图亚特王朝复辟做最后一搏。叛军队伍最多曾扩大到5000人,并一度挺进英格兰,因得不到支持而返回苏格兰,最终失败。而对当时的辉格党政府而言,这次叛乱又一次使他们获得了打击政敌的机会,一些托利党人再次被污蔑为"詹姆斯党人"。这场叛乱虽然已经结束多年,但时至今日,"45"这个数字还是很容易使人回想起"45年"的那场政变。威尔克斯正是想借第45期暗示1745年的政变,打击以布特为首的托利党寡头统治。虽然托利党此时已由支持斯图亚特王朝转而支持汉诺威王朝,但在民众的眼中,国王的老师兼宠臣、来自苏格兰的布特与詹姆斯党人之间似乎还是有着某种联系。威尔克斯正是利用了大众的这一心理。

除此之外，45期上还刊登匿名文章，批评国王最近发表的议会开幕演说，谴责布特政府恢复王权、压制议会权利的行为，文章称：

> 就像大臣的言论一样，国王的言论也要常常接受立法机关以及公众的评论。本周公众经历了政府厚颜无耻地企图欺骗人类的最无耻的事件……这个国家的每一位朋友都会哀叹伟大、平易近人的国王被引诱着用他神圣的名义支持这一最可憎的措施……我希望王国中所有人都将看到王冠的荣誉保持一种真正的王威。我哀叹它衰弱甚至被滥用。

《北不列颠人报》第45期在社会上产生了广泛的影响。乔治三世大为光火，政府也意识到了公共舆论的威胁，公然宣布《北不列颠人报》第45期上的文章是"伪造的、卑鄙无耻的叛逆性的诅咒，意图激起情绪，离间人民与国王的感情，刺激人民发动反政府叛乱。政府将惩罚这种最恶劣的不端行为"。

45期出版后的第八天，也即4月30日，秉承国王旨意的司法大臣发布总逮捕令，因为政府并没有明确的证据可以证明威尔克斯就是该文的作者，所以总逮捕令上没有登记被捕者的姓名。手持这张没有名字的总逮捕令，政府抓捕了《北不列颠人报》的撰稿者、印刷者、发行人及贩卖者等，共计48人。威尔克斯趁势抨击政府滥用权力。在国王的指使下，趋炎附势的议会不惜破坏司法权，剥夺了威尔克斯的议员资格，并将他投入伦敦塔。

国王的专横以及议会奴颜婢膝的态度在民众中引发了强烈的不满，很多人认为：如果议员可以因国王的指使而被逐出议会，那么，作为制约王权的政治机构，议会如何能维持独立性？社会舆论也支持威尔克斯的行动。政府的迫害反而加强了威尔克斯的声望。在民众眼中，威尔克斯是他们的英雄，是为公民争取权力的无畏战士。

1763年5月6日，威尔克斯在法庭受审。首席法官普拉特站在辉格党人一边，宣布总逮捕令非法，因为这份总逮捕令根本没有指明被告是谁。根据有关法律，议员享有不受逮捕以及不受普通法院审判的权利，威尔克斯因此被赦免释放。威尔克斯乘胜控诉政府利用总逮捕令非法逮捕，并鼓励其他被捕的48人联名上诉。乔治三世

威尔克斯

也不甘失败，指使政府宣布议会的特权并不包括写作、出版中的煽动诽谤罪豁免，以此为由继续镇压批评政府的活动。威尔克斯被迫于当年12月逃往法国。谄媚逢迎的下院随后将威尔克斯逐出议会，剥夺了他的议员身份，并给他扣上了"煽动诽谤罪"等罪名。政府还下令刽子手纵火焚烧《北不列颠人报》第45期。人民行动起来，

民众驱逐了治安官,传说群众用小便浇灭了火焰,抢救出了第45期《北不列颠人报》。

威尔克斯离开英国后,《北不列颠人报》继续发行,持续了几年。威尔克斯与《北不列颠人报》反抗政府压制同时争取出版、言论自由的斗争获得了公众的广泛支持。民众纷纷站出来声援威尔克斯。政府还企图以此次事件为契机全面压制报刊,人民又迅速行动起来,"威尔克斯与自由"成了当时伦敦最流行的口号。面对愤怒的公共舆论,下院不得不谴责了政府的行动,并通过决议,宣布:发布一般性的不指明被捕者的逮捕令是非法的,查封有诽谤嫌疑的报纸的命令同样也是不合法的。决议通过后,愤怒的公共舆论一定程度上得以缓和,政治骚动暂时平息了。

米德尔赛克斯郡的选举事件

1768年,威尔克斯从法国归来并在坦普尔爵士的支持下参加了米德尔赛克斯郡的议员竞选,赢得了多数选民的支持。政府与议会再次联手迫害威尔克斯。乔治三世对拥护者下令:"把威尔克斯赶出议会一事,非常重要,必须实现。"在国王面前卑躬屈节的议会按照国王的意志,宣布这次选举不合法,威尔克斯被逐出议会并再次被捕。王室法庭判处威尔克斯两年监禁并罚款1000磅。米德尔赛克斯郡的此次选举事件又一次把公共舆论推到了政治舞台的前沿。

威尔克斯被捕后,伦敦市民试图从监狱中营救威尔克斯,政府也派出了军队。市民与军队发生了冲突,有六人在冲突中被打死,15人受伤。政府血腥的镇压激怒了民众。威尔克斯也猛烈地抨击政府出动军队镇压平民的行径。各郡纷纷向议会提交请愿书,猛烈谴责政府的专制、残暴。有些地方出现罢工。罢工者在经济要求之外强烈要求政府改变专制、残暴的政策。

米德尔赛克斯郡的第二次选举很快举行,居民再次把手中的选票投给了威尔克斯,而议会则以威尔克斯不受法律保护为由,再次宣布选举非法。接下来的第三次选举仍然是威尔克斯获胜,但议会又一次破坏选民的权利,宣布屡次竞选失败的亨利·鲁特尔为议员。乔治三世完全赞同鲁特尔的"当选",他在给诺尔特勋爵的信中写道:"下议院的行动,对于镇压怀抱恶意的人那样顺利地在人民当中煽起的那种不可容忍的横暴行为方面将起重大影响。"

就在米德尔赛克斯郡议会选举期间,1769年,威廉·贝克福德创办《米德尔赛克斯报》。这份以"自由纪事"为副标题的《米德尔赛克斯报》宣称要"向民众展示根据《大宪章》的原则所采取的保卫自由的每一项措施以及将要采取的措施,以维护被压制的自由事业"。此后不久,伦敦市长以及威尔克斯的支持者掌握了《米德尔赛克斯报》。威尔克斯等人又利用《米德尔赛克斯报》谴责政府的专制,谴责奴颜婢膝的议会,争取民众的支持,为威尔克斯赢得选举造势。

威尔克斯被从议会中驱逐的经历、屡次失利的竞争对手鲁特尔"当选"议员的事实使威尔克斯又一次赢得民众的支持。在民众眼中,威尔克斯是伦敦激进派中的殉道者,是伦敦人民的领袖。人民自发行动起来,支持威尔克斯。送牛奶的人用牛奶在墙上涂写威尔克斯在议会的演讲词;小土地所有者骑着马在伦敦游行,打出"大宪章及《权利法案》"的标语;伦敦甚至成立了一个以威尔克斯为首的党派。

1769年,威尔克斯当选伦敦商业区议员,议会不得不与之妥协。1774年,威尔克斯又当选伦敦市长和米德尔赛克斯郡下院议员,并成功入职。《北不列颠人报》胜利了,《米德尔赛克斯报》胜利了,威尔克斯胜利了!

威尔克斯是一个伟大的格拉布街宣传家,他懂得报刊宣传的力量和价值,懂得如何吸引广大公众,如何利用每一个可利用的政治媒体。在这场反对当权者的漫长运动中,《北不列颠人报》、《米德尔赛克斯报》等媒体都发挥了重要的舆论动员作用。经过不懈的努力,总逮捕令被废止,格拉布街人的人身安全基本有了保证,格拉布街在发展的道路上又迈出了坚实的一步。群众的骚动也清楚地表明社会舆论对国王专制政策及议会向王权妥协的不满。英国议会的改革也由此提上了日程。

现代舆论的先锋——《朱尼厄斯书简》

从1768年11月21日到1772年5月12日,英国的一份重要报纸《公共广告人》陆续刊登了一系列书信形式的政治评论文章。这些署名"朱尼厄斯"的文章批评王室行动与议会决定,谴责政府破坏宪法,同情并支持威尔克斯,立场及言论都非常激进。后人把这一系列评论文章结集出版并统称为《朱尼厄斯书简》，在德国学者哈贝马斯看来，《朱尼厄斯书简》堪称"现代舆论的先锋"。

《朱尼厄斯书简》最早在《公共广告人》上刊登。这里有必要简单介绍一下《公共广告人》以及它所代表的格拉布街日益成熟的商业化发展趋势。《公共广告人》始创于1734年，原名《伦敦每日邮报及普通广告人》，1744年更名为《普通广告人》，每日出版。《普通广告人》起初几乎纯粹刊登广告，新闻数量少之又少。在伦敦社交季期间，《普通广告人》通常辟出一个固定栏目刊登剧院广告，热心娱乐的市民可以在这张报纸上查阅特鲁里街、卡温特花园以及其他娱乐场所的几乎所有的节目单。实际上，报纸刊登广告并不是什么新鲜事。早在1657年，鼎鼎大名的格拉布街人奈德海姆就曾创办过一份纯粹刊登广告的报纸《公共广告人》。《公共广告人》主要刊登一些买卖房屋、寻找职业、饮食住宿、车船交通的简单启事。

18世纪初，格拉布街又出现了几份专供"关心买卖的人"阅读的报纸。创办于1707年的《普通广告人》及创办于1711年的《改善贸易及商业的有用情报》都受到商业阶层的关注。这些刊物在咖啡馆中被人们传阅。伦敦的一名咖啡馆店主曾在1728年末抱怨："开咖啡馆的人还要做'广告人'生意，还要传播广告，……"

与此同时，一些政治色彩浓厚的报刊也开始刊登广告，报道贸易信息。笛福创办的《墨卡托》及《英国商人》就经常刊登一些与法国人的贸易信息。这些报纸受到了商人的欢迎，一定程度上满足了他们对信息的需求。《闲谈者》的创办人艾迪逊也十分注重刊载广告，《闲谈者》的最后几期都刊登了为数可观的广告，往往不止一个栏目。在《闲谈者》的最后一期，广告占了近两个栏目。艾迪逊曾写专文评论："在没有新闻的情况下，我习惯于用那些最终在所有的公共印刷品上出现的广告来自娱自乐。"抨击政府的《匠人》巨大的销量也吸引了一些商人前来刊登广告，以至于广告收入成为《匠人》近一半的收入来源。

上面我们提到的这些报刊虽然也刊登广告，但却并非是专业的商业报刊。1730年，一份真正的商业报纸——《每日广告人》——问世。《每日广告人》在创刊之初只刊登广告，虽然此后也逐步报道"国内外最新最重要的事件"，介绍股票价格、交易费用以及进出口清单，偶尔还可见到一些读者信件。但总体而言，广告还是占《每日广告人》至少四分之三的版面。1756年1月5日发行的一期《每日广告人》，广告占了12个栏目中的11个。在此之后出版的多期刊物也大致如此。在商馆、俱乐部及旅馆，读者都能寻觅到《每日广告人》，但在私人住处却很少见。印刷商约翰·尼古拉斯认为："《每日广告人》多年来一直雄踞每日出版物之首。"

《每日广告人》的成功，极大地刺激了其他多家报纸，这些报纸对刊登广告也逐渐重视起来，广告数量猛增。菲尔丁创办的《战士》起初只有6个专栏，从1740年4月10日第64期开始，《战士》扩充为12个专栏，副标题也由"英国商人"改为"晚间广告人"。而《匠人》、《伦敦晚邮报》以及其他一些地方报纸也早已不声不响地做了这样的改动。改头换面后，《战士》每期的广告数量总体能达到5个以上的栏目。

如果说《每日广告人》正式开启了格拉布街商业化报纸的先河，那么《普通广告人》的创刊则见证了格拉布街在日渐成熟的商业化趋势之外而兼具的日渐成熟的舆论动员能力。实际上，这种舆论动员能力的提高与其日渐独立的经济能力是分不开的。从时间上而言，格拉布街从18世纪中期开始，在各方面都在稳步走向成熟。报纸的销量逐年增加，大致由1710年每周45000份增长到1756年每周210000份。报纸的种类越来越丰富，日报、三周报、周报、月刊、早报、晚报及纪事报争奇斗艳。此外，由于报纸上广告的数量越来越多，办报逐渐变

18世纪发行的《伦敦邮报》

成了一项有利可图的事业，办报已不再是印刷商的副业，专业办报的书商、出版商逐渐取代了业余办报的印刷商。股东注入的资金及广告收入大大增强了报刊的实力，报刊有能力雇佣专业编辑及专业报道者，再也不用靠刊登"读者来信"充塞版面。《普通广告人》就是一个很好的例子。

1752年，《普通广告人》与《卡温特花园日报》合并，更名为《公共广告人》，并由《普通广告人》的印刷商亨利·伍德福尔接管。自伍德福尔接手后，《公共广告人》逐渐增加新闻数量，努力扩大销量。1758年，亨利·伍德福尔的长子，19岁的亨利·桑普逊·伍德

福尔从父亲手中接过《公共广告人》,并亲自担任编辑。小伍德福尔在政治上倾向于辉格党,他与威尔克斯等人关系密切。在小伍德福尔的管理下,《公共广告人》的影响力进一步扩大。《北不列颠人报》事件爆发后,威尔克斯在《公共广告人》上发表文章,谴责国王及政府的卑劣行为。《公共广告人》一度成为威尔克斯开展舆论战斗的前沿。《朱尼厄斯书简》最初就是在这样一份激进的刊物上发表的。

"朱尼厄斯"对时局极为关注,对政府及政治要人的批判也从来不留余地。1768年10月,议会反对派老皮特因健康原因被迫离职后,格拉夫顿公爵在国王乔治三世的支持下趁机组阁。格拉夫顿利用手中职权,按照乔治三世的意旨及党派利益任意安插亲信,贿买议员,引起了广泛的不满,新内阁受到猛烈攻击。老皮特辞职仅仅一个月后,《朱尼厄斯书简》就现身《公共广告人》,批评政府的各项政策,一直延续到1772年5月12日。在1769年1月21日所写的一封信中,"朱尼厄斯"历数政府各项政策的缺陷,痛斥政府、司法机构滥用权力,无情地揭露了首相格拉夫顿、诺斯勋爵以及贝德福德公爵任意任命政府官员以及国王贿买议员的丑闻。

"朱尼厄斯"还公开指责国王、文武政要和大法官从事政治阴谋。"朱尼厄斯"指出:在米德尔赛克斯的选举事件中,"政府中最腐败的大臣"格拉夫顿任命屡次选举失利的鲁特尔取代公众选举出的威尔克斯,这种行为是对英国公民权力的挑战;上院首席法官曼斯菲尔德对威尔克斯的判决侵犯了出版自由,树立了一个极其危险的有关政治诽谤罪的司法判例;司法部门把威尔克斯关入伦敦塔则挑战了议员的特权。"朱尼厄斯"还揭示了当时错综复杂的政治关系,引起舆论大哗。

"朱尼厄斯"指出:"自由的人民服从他们本身参与制定的法律,也服从政府的行政权力;但对后者的服从绝不能超越对法律的服从。……而英国人已经陷入对某些特别之人及其家族的一种错误感情之中。"朱尼厄斯"最后写到:"……总之,这个国家的情况已经为我们敲响警钟,足以引起每个人的注意。"

《朱尼厄斯书简》的目标非常明确:

> 告知公众他们拥有的历史及宪法权力以及作为英国人所享有的自由,明确政府如何侵犯、侵犯了哪些公共权力。

刊登了《朱尼厄斯书简》之后,几乎在一夜之间,《公共广告人》的销量就由2800份增加到将近5000份,成为伦敦街谈巷议的话题。这场短暂的首次交锋以"朱尼厄斯"取胜而告终。《朱尼厄斯书简》赢得了声誉及公众的支持。作为立场鲜明的反政府评论文章,《朱尼厄斯书简》成为此后舆论批评的样板,人们把这一系列讽刺文章称为"现代舆论的先锋"。

"朱尼厄斯"的身份一直是个谜。"朱尼厄斯"与议会反对派成员老皮特、乔治·格伦威尔坦普尔爵士的弟弟以及威尔克斯关系密切,与亨利·桑普逊·伍德福尔也一直保持密切的通信联系。据说"朱尼厄斯"就是老皮特的前秘书菲利浦·弗兰西斯爵士及亨利·桑普逊·伍德福尔。

1769年12月17日,《公共广告人》又刊登了"朱尼厄斯"写给

乔治三世的第35封信,信中痛骂乔治三世:

菲利浦·弗兰西斯

> 你本不会了解真实的语言,这是你生命的不幸,也是导致你的政府中侵入了抱怨与失望的原因,直到你在人民的抱怨中听到这种语言。

《圣詹姆士纪事报》、《伦敦晚邮报》、《公报》等格拉布街反政府报纸随即转载了这封信。乔治三世也不甘示弱,他试图利用司法手段削弱《朱尼厄斯书简》的影响。政府起诉了伍德福尔、约翰·阿尔蒙、亨利·鲍德温、约翰·米勒以及查尔斯·塞伊。威斯敏斯特法院审理了阿尔蒙一案。法院宣判阿尔蒙有罪。

对伍德福尔、鲍尔温及米勒的审判随后举行,地点设在市政厅。经过陪审团九个小时的讨论审议,法庭最终裁决这三人无罪,并被迫当众宣布作者、发行人无罪释放。

在"朱尼厄斯"一案之前,政府长期以来一直执行一项针对格拉布街的司法惯例,根据这个惯例:法官拥有判断一篇文章是否属于煽动性言论的权利,陪审团的职责只限于确定被告人是否印刷过这样的文章。经过"朱尼厄斯"一案,这项惯例终于被推翻,同时还默认了陪审团的一项权利,即:陪审团有权根据内容,而不是仅仅依据印刷事实，确定被控诉的文章是否触犯诽谤法。1792年福克斯《诽谤法》将这项原则写进了法律，结束了政府利用"煽动诽谤罪"迫害格拉布街文人的历史。"批评国王无罪"的原则确立起来。

对于此次判决的重要性，"朱尼厄斯"评论说：

> 出版自由是每一个英国人的公民权利、政治权利以及宗教权利的保障，陪审团有权做出判决，这是我们宪法的必要组成部分；在任何案件中，法官都不能控制或限制这项权力，司法机关也不能以任何形式质疑这一权力。国王、上院以及下院的权力不再是独裁权力。他们是财产的信托人，而不是所有者。

"朱尼厄斯"站在时代前列，通过报纸揭露政府的腐败、争取言论自由。"朱尼厄斯"的斗争赢得了广泛的支持。在公共舆论的强大压力下，格拉夫顿内阁在1770年1月倒台，诺斯勋爵取而代之。"朱尼厄斯"对此并不满意，因为诺斯是"国王之友"中最忠实的成员。但《朱尼厄斯书简》的影响早已超出了这一具体的政治事件。《朱尼厄斯书简》被翻译成各国文字，影响远及全世界。"朱尼厄斯"对民主选举、对言论自由的看法如今已成为人们的共识。

英国画家贺加斯描绘的1755年议会选举中拉选票的情景

今天，每当英国议会开会，除了议员，议会大厅里总能见到各家大报、小报及网络媒体的记者们忙碌的身影。这些记者负责向外界传达议会开会的详细情形及各种动态信息，以保证英国民众在第一时间了解议会的议程。然而，这种在英国民众今天看来司空见惯的情形在18世纪的英国则是不可想象的。正是格拉布街文人勇敢地迈出了坚实的步伐，他们以惊人的智慧和勇气击败了惯于"黑箱操作"的议会以及傲慢的议员，为英国民众铺设了又一个了解并参与国家政治生活的平台。

争取报道议会进程权 ▎第七章

18世纪英国议会一瞥

做为英国代议制的重要表征，议会在英国的政治生活中占有举足轻重的地位。然而，18世纪的英国议会远非我们想象中的那么民主。整个18世纪前半叶，仅有区区尚不足5%的英国居民享有选举权，而且某些贵族世家牢牢地控制着相当多的选民。由于议会有很大权力，所以许多有权势的人物都想尽办法通过选举进入议会。他们操纵舆论，贿买选民。1689年，哈威斯一位贵族为了当选议员，用了8镑6先令8便士的钱贿买选票；1727年，一位伯爵为了在议

贺加斯笔下1755年议会选举投票时的混乱局面

会获得一个议席，花去了 900 镑。及至汉诺威王朝，议会的议席竟然明码标价，而且价码也在不断上涨。乔治一世时，一个议席标价为 1500 镑；到乔治二世时，涨到 2000 镑。由于竞选议员代价高昂，政府派出的候选人在选举中处于明显优势，因为他们可以得到政府的财政支持。公开记名式的投票制也很不利于选举公正地进行。这样选举产生的议员往往驯顺地听命于政府，与选民的关系却相当淡漠。

原本代表民意，应加强与选民的沟通的下院也刻意与选民隔离。议会拒不向民众告知议会议程就是典型的表现。自 1660 年颁布法令，禁止发布议会开会的报告之后，议会又先后数次重申 1660 年的禁令。但人们仍然迫切想要得知议会的开会情况。在这种需求的刺激下，格拉布街冒险行动，开始了漫长而又曲折的争取报道议会进程权的斗争。

从《议会进程日报》到《纪事晨报》

1642 年英国革命伊始，小册子印刷商托马斯首开先河，创办了专门报道议会新闻的《议会进程日报》。此后，报道议会新闻也成为英国内战时期各种新闻书的一大特色。但格拉布街的报道很快引起了议员的不满。因报道议会新闻，《议会进程日报》的撰稿人波克两次被捕。

1660 年，查理二世继位，斯图亚特王朝复辟。查理二世继位后不到一个月，议会就正式下令，严禁报道议会消息，禁止印刷"任何有关议会的投票表决或者议会进程"的新闻书。议会认为：凡

查理二世

属诽谤议员,一般非难议会,非难政府,包括国王、大臣,一般猥亵不敬的言论,均系侵犯了议会的特权。对于此类信息的报道与出版,议会有权控诉并予以严厉处罚。为了对抗国王的横暴,议会在过去也曾把议会辩论列为保密内容;而这时议会禁止格拉布街报道议会辩论则纯粹是为了预防选民干涉议会事务。

尽管议会严令禁止,但手写的新闻信仍继续报道议会辩论等相关新闻。由于这些新闻信的读者主要是乡绅,不是严酷的新闻检察官莱斯特兰奇所说的"参与的大众",因此较少受到政府的干扰。但是,1694年12月,一位名叫戴尔的手写新闻信作者还是遭下院法庭传唤。法庭以戴尔报道议会新闻为由对戴尔进行了严厉的斥责。

议会的禁令同样没能阻止地方报纸的印刷商报道议会新闻。这些印刷商纷纷利用远离伦敦的优势,摘录手写新闻信上的议会报道,在他们的报纸上刊登。但这种做法也时常被议会取缔。1718年、1719年,因报道议会辩论,议会传唤了英格兰西南部埃克赛特城三家报纸的印刷商,他们分别是《埃克赛特信使》的印刷商乔治·毕肖普、《清教信使》的印刷商约瑟夫·比里斯、《邮政长官》的印刷商安德鲁·布莱斯。1722年,下院又做出决定:禁止任何记者干预议会辩论或其他议会进程。1728年,《格洛斯特日报》的撰稿人罗伯特·瑞克斯因触犯这条禁令被议会传唤,为瑞克斯提供议会辩论资料的凯夫也受到牵连。1745年、1746年,约克郡的两名报纸印刷商又因违抗此令而受难。

虽然议会的屡次决议都禁止格拉布街报道议会新闻,但按照报人们的理解:只有当议会开会时,禁止报道的命令才生效。很多刊物因此经常刊登一些过期的议会辩论。博耶创办的《大不列颠政治状况》、季刊《历史文摘》、《绅士杂志》及《伦敦杂志》等刊物都经常采用这种做法以吸引民众的注意。

对格拉布街刊登过期议会辩论的做法,议员们也表示坚决反对。1738年,下院议长阿瑟·昂斯劳断言:报纸的报道"只反映了议会少许尊严"。另一名发言人也认为:"绅士们在这里(议会)所说的每一句话都将被挤在走廊里的家伙误传;……我们(议员)都将被看成是最可鄙的人。"普特尼则说"刊印议会中绅士们的演讲,即便没有误传,看起来也像是要让他们在户外对在屋内所说过的话负责"。因此,下院在1738年再次做出决议:在议会休会期间刊登议会辩论的报道也侵犯了议会特权。

所谓兵来将挡水来土囤,1738年的这次议会决议也很快被格拉布街挫败了。《伦敦杂志》想出了一个巧妙机智的方法,避开议会禁令的锋芒,迂回报道议会新闻。在1738年5月出版的一期中,《伦敦杂志》组建了一个政治俱乐部,这个俱乐部的成员都是一些年轻贵族及绅士。因为按照相关规定,俱乐部中这些有身份的人有权探讨有关议会事务。在《伦敦杂志》刊登的议会新闻中,议会发言人也都自称"杰出的希腊人或杰出的罗马人"。而据介绍,这些罗马人讲话的口气都很有"两院议员"的派头。就是以这种近乎虚拟的文

阿瑟·昂斯劳

学报道的方式，《伦敦杂志》成为第一家成功挫败议会禁令的报纸，一度受到人们的极大欢迎，而议会对此也束手无策。《伦敦杂志》的这个政治俱乐部于1757年解散后，《伦敦杂志》每月刊登"一篇议会上次开会时的记录"。《伦敦杂志》刊登的议会新闻是乔治二世统治后半期我们所知的最权威的议会辩论报道。

《伦敦杂志》的成功不仅引来了其他多家报刊的仿效，而且在报道方式上，有些报刊还时有创新，其中尤数《绅士杂志》最为惹眼。1738年6月，继《伦敦杂志》的政治俱乐部组建之后一个月，《绅士杂志》上就出现了"里里普特上院的辩论"。对此，《绅士杂志》解释说："我们相信读者会很愿意听格列弗船长讲述，它为我们提供了与议会交流的机会。这些讲述是我们在上个月收到的下院的最新决议。""里里普特上院"的发言人都有谁呢？据《绅士杂志》介绍，这几位发言人分别是"Walelop、Haxilaf、Pulnub"等。这几个名字怎能不让人产生联想？在现实中的英国下院，沃波尔、哈利法克斯及普特尼可都是其中的重要成员，而"Walelop、Haxilaf、Pulnub"这几个名字分明是由沃波尔（Walpole）、哈利法克斯（Halifax）、普特尼（Pulteney）等名字变换而来。明眼人都能看出：所谓"里里普特上院的辩论"，所谓格列弗船长，只不过是《绅士杂志》的障眼法。《绅士杂志》只是借用了斯威夫特在小说《格列弗游记》中虚构的文学人物格列弗来报道现实中英国议会的新闻。《绅士杂志》也因此引起了民众的极大的兴趣与关注。

由于当局不允许格拉布街报道议会新闻,法律也禁止记者进入议会旁听,报人只能间接地通过各种渠道,打探议会辩论的各种消息。《伦敦杂志》的编辑托马斯·阿斯特利在1746年自称是他的记者为他提供了议会辩论的消息,而记者也只能通过"旁门左道"获取议会信息。记者克拉克就曾躲在上院的王座后面偷偷地做笔记。

《绅士杂志》刊登的"里里普特上院的辩论"几乎完全是约翰逊及格思里的"文学创造"。读者也许要问,即便是文学创作,也需要素材,约翰逊等人进行创造的素材是什么?又从何而来呢?实际上,约翰逊等人的创作素材仅仅是几个议会发言人的名字以及他们在辩论中的角色,而这些都是《绅士杂志》的掌门人凯夫从下议院守门人那里打探到的。这些信息就是约翰逊唯一的参考资料。约翰逊与格思里从没有进入议会,约翰逊自己也承认他写的一些议会辩论"仅仅是想象"。有一则有关约翰逊

约翰逊

贺加斯描绘的伦敦军民对1745年詹姆斯党人复辟的反应

的有趣的轶事,这则轶事讲的正是当时格拉布街虚构议会辩论的现象。这则轶事的内容大致如下:

约翰逊在《绅士杂志》干这份差事的时候还是一个刚从外郡来到伦敦不久、籍籍无名的小人物。多年后,在约翰逊成名后的一次晚宴上,客人们大谈政治及政治家的演说。有人认为:皮特的演说最为精彩。在其他人纷纷表示赞同的时候已经有人开始凭记忆朗诵起了皮特在议会的演讲词。这时,一直沉默不语的约翰逊很平静地讲了一句话,所有在场的人都震惊了:"这篇演讲稿是我在埃克赛特街的阁楼里写的。"

由于政府的严厉控制,格拉布街只能采用这种虚拟性的报道方式,这导致民众对真实的议会、对议会发言人的言论所知有限,只有到了18世纪末,我们才能真正确定议会发言人实际说过哪些话。

1742年沃波尔辞去了首相一职后,民众对议会新闻的关注程度相对减弱。1745年詹姆斯党人复辟的阴谋败露后,民众关注的焦点更是由此转移,公共舆论变得明显对政府有利起来。时刻关注着读者市场的凯夫敏锐地捕捉到了这种变化,《绅士杂志》刊登的议会辩论逐渐缩短,到1746年,"里里普特上院的辩论"干脆消失了,在此后一段时间里,类似的报道只是偶尔出现。

直到18世纪60年代,格拉布街对议会新闻的关注才重新掀起了又一波高潮。格拉布街再次关注议会新闻与英国政局的变动密切相关。前面我们曾经提到,1760年继位的乔治三世是一位野心勃勃的君主,与其曾祖父乔治一世及祖父乔治二世都不同,乔治三世继位后一心一意地就是要重振王威,强化

乔治三世

王权。为此，乔治三世甚至不惜花重金贿买议员，控制议会。在给一位亲信的信中，乔治三世直言不讳地指出：选举耗费了他五万磅。

贿买产生的议会显得对政府十分顺从。《绅士杂志》的一名记者曾在1768年向读者描述了议会里发生的"精彩"一幕：

> 一个大臣喊道："必须征收苹果酒的税！"
> 议会回答说："当然！对苹果酒征双倍的税！"
> 一个新的独裁者喊道："征苹果酒的税，这是多么不幸的想法！"一名议员回答说："那些征收这种税以及和他们同样想法的人都该死！"

虽然这名记者的描述多少有些夸张的成分，但不难想象，这些经贿选产生的议员根本不可能对选民负责。议会此时几乎完全变成了国王手中的工具。国王的专横、议会的谄媚又一次把民众的注意力吸引到议会。

到了18世纪60年代前后，报道议会新闻的报纸与以前相比大为增加而且更受欢迎。《伦敦纪事报》、《每日广告报》、《纪事晨报》、《公报》、《圣詹姆士纪事报》及再度报道议会进程的《公共广告人》都十分畅销。在一直坚持报道议会新闻的报纸中，尤属《纪事晨报》最为有名。

《记事晨报》是60年代格拉布街新兴的一类报刊——早报——的一种，由绰号"记忆"的威廉·伍德福尔创立。威廉·伍德福尔是我们前面曾提到的《公共广告人》的掌门人亨利·桑普逊·伍德福尔的弟弟。威廉·伍德福尔记忆力超群，堪称英国新闻史上最天才的报道者,《记事晨报》上有关议会的报道都是伍德福尔一人完成的。据伍德福尔的朋友约翰·尼古拉斯介绍:伍德福尔可以在下院的公众走廊上连续坐上12小时,在不做笔记,也没有助手帮忙的情况下,回到印刷所后,完全凭记忆为第二天出版的早报写16个专栏的演讲稿。

伍德福尔的另一位朋友约翰·泰勒也证实:由于伍德福尔对议会"几位发言人的语气和姿势了如指掌",议会辩论时,在下院旁听的伍德福尔通常是闭着眼睛,两只手都靠在手杖上,一副颇为闲适的神态。只有出现新发言人时,伍德福尔才睁开眼,手离开手杖,打听一下这个人的名字,然后又回复到

威廉·伍德福尔

此前的神态。凭借过人的记忆力,伍德福尔很快就超越了报道议会新闻的先行者威廉·格思里等人。《纪事晨报》也因此成为伦敦最重要的早报之一。

但是尺有所短,伍德福尔主要靠一己之力报道议会进程,这种方式单就时效性而言就存在明显的缺憾。由于两院的辩论没有固定的时限,经常持续到晚上9点,甚至不止一次地一直持续到午夜。一旦这种情况出现,伍德福尔报道方式的缺陷就暴露出来。伍德福尔不得不因此拖延《纪事晨报》的出版时间,有时是一两个小时,有时则拖得更久。这实际上为另外一些图谋不轨的刊物提供了可乘之

机,它们乘机煽动舆论,诡称在早晨9点之前《纪事晨报》绝不会出版,借此扰乱视听,减少《纪事晨报》的读者数量。还有一些被煽动起来的读者甚至袭击了印刷商的住所。

鉴于此,《公报》的编辑詹姆斯·佩里在伍德福尔报道方式的基础上创造了报道议会辩论的新方法。佩里雇佣了一批年轻律师作为代班。这些律师轮流旁听议会辩论,每人在听一段时间后迅速返回印刷所,在记忆尚清晰的时侯,写下议会报道。采用这种方法,基本上就可以不间断地报道一整天的议会开会进程。与伍德福尔的方法相比,佩里的方法在时效性上明显更加快捷,内容上更全面,准确性也更高。在报道民众高度关注的美国革命、小皮特上台等重大事件时,《公报》占尽优势,销量遥遥领先,远远超过了《纪事晨报》。

尽管自己的报道方式存在缺陷,但固执的伍德福尔却拒绝改进他的报道方式,并因此与合伙人发生了严重分歧。伍德福尔最终离

威廉·伍德福尔

詹姆斯·佩里

开他为之付出了很多心血的《纪事晨报》,独自创办了一份名为《日报》的新报纸,而《纪事晨报》在1789年被佩里收购。佩里此后为《纪事晨报》雇佣了很多一流的撰稿人,包括诗人科勒律治、托马斯·摩尔以及戏剧评论家威廉·哈兹利特。1813—1814年间,在议会的走廊里,人们经常可以看到《纪事晨报》的议会报道者——酗酒的哈兹利特——的身影。

威廉·哈兹利特自画像

在佩里的精心经营下,《纪事晨报》成了辉格党报纸的中坚,每天的销量可达4000份。到1810年,销量更是增加到了每天7000份,成绩令人瞩目。

1803年,英国新闻史上的传奇人物威廉·伍德福尔去世了。1817年前后,重病缠身的佩里也把《纪事晨报》的经营权转交给了另一位格拉布街文人约翰·布莱克。布莱克在此后启用了我们熟知的狄更斯及约翰·斯图亚特·密尔。几年之后的1821年,佩里也追随伍德福尔而去。

最后的胜利

尽管以《绅士杂志》、《纪事晨报》及《公报》为代表的格拉布街先后在18世纪三四十年代及60年代开启了报刊报道议会新闻的新纪元,并赢得了民众的瞩目,但议会却仍试图否认民众对议会辩论及决议的知情权。议会法庭很快又传唤了各家报纸的印刷商,并判处每人罚款100英镑。议会法庭甚至还命令各家报纸的印刷商跪在议会发言人面前,对他们施以人身侮辱。直到1771年,格拉布街报道议会新闻一事才因议会改革而出现了新的转机。

如前所述,英国议会虽在名义上是代表全体英国民众的民主政治机构,但18世纪的英国议会却远非如此。此时的议会所代表的仅仅是少数大地产者及大资产阶级的利益,而且一部分议员是靠政府直接干涉选举而当选,而另一部分则是花了很多钱在议会买来了议员席位,这样的议员往往驯顺地听命于国王,对政府的政策也是言听计从。公开拥护政府的议员甚至认为:大多数选民"不过是愚昧无知的群众,认为他们能够解决议会里最好的头脑都意见分歧的问题,是极端的荒谬"。早在60年代末,英国一些有远见的政治家就意识到政府的对内政策亟需改变。其中,议会改革首当其冲,被提上日程。1770年,老皮特提出了温和的议会改革主张,但被议会拒绝。辉格党以及托利党的议员都担心改革会引起国王乔治三世的不满,这些既得利益者还害怕议员总人数的增加会减少每个议员在竞选活动时得到的好处,害怕公众一旦获得了了解议会的机会与渠道,对议员们的不满情绪会像潮水般将他们淹没。

虽然议会改革的时机此时还并不成熟,直到1832年英国才完成了第一次真正的议会改革,使新兴的工业资产阶级获得了进入议会的机会,但此时的社会舆论却强烈要求议会加强与选民的联系,并明确要求定期在报刊上刊登议会开会的详细报告。《伦敦晚邮报》的编辑约翰·奥蒙也认为:"国家应该了解议会的所作所为。"奥蒙搜集每天议会辩论的笔记，并以这些笔记为素材撰写一至两篇文章刊登在报纸上。其他报纸也纷纷效法奥蒙。议会报告的发表充分暴露了议员对国王的谄媚奉承，加深了人们对议会的不满。对此，议会很快采取了压制措施，先后于当年2月、3月传唤了八家违反1738年议会决议、印刷议会辩论的印刷商。这八家报纸分别是《公报》、《米德尔赛克斯报》、《纪事晨报》、《伦敦口袋报》、《圣詹姆斯报》、《白厅晚邮报》、《伦敦晚邮报》以及《普通晚邮报》。由于《米德尔塞克斯报》的印刷商约翰·威伯、《公报》印刷商罗格·汤普森以及《伦敦晚邮报》印刷商约翰·米勒没有理会这次传唤，王室随后发布了逮捕这三位印刷商的公告。

此案的抓捕及审理工作恰好由时任伦敦市议员的威尔克斯负责。威尔克斯安排了一个名叫卡朋特的印刷商前往抓捕威伯，接着又安排由他自己亲自审理威伯。在此案的审理过程中，威尔克斯以抓捕理由非法、且侵犯英国公民权利为由宣布威伯无罪释放。对汤普森的审理也大同小异。负责审理汤普森的是威尔克斯的好友、同为市议员的阿尔德曼·奥利弗。

威尔克斯

尽管格拉布街已经取得了初步的胜利，然而好戏才刚刚开演。在结束了对威伯及汤普森的审讯后的第二天，下院特派员赶来抓捕《伦敦晚邮报》的印刷商米勒，米勒主动配合，束手就擒。而伦敦市

(上)伦敦市议员阿尔德曼·奥利弗
(下)伦敦市长克罗斯比

治安官马上以非法拘留为由逮捕了这名特派员。威尔克斯、奥利弗及伦敦市长布拉斯·克罗斯比亲自审讯这名下院特派员。克罗斯比宣布议会发言人逮捕米勒的理由有违法律。这样,经过巧妙安排,威伯、汤普森及米勒都被无罪释放。

在这次针对格拉布街文人的抓捕事件中,议会与伦敦再次冲突。政府以此案威胁了自身的荣誉与尊严为由,传唤了身为议员的克罗斯比及奥利弗。因拒绝道歉,克罗斯比与奥利弗被关进了伦敦塔。愤怒的伦敦民众纷纷涌上街头,向政府官员及其支持者身上扔泥巴、石块以示抗议。据说,民众甚至从马车中拽出了首相诺斯勋爵,并捣毁了这辆马车;首相的帽子也被抢走并被撕成了碎片,以每片六便士的价格出售。

议会会议结束后,克罗斯比与奥利弗双双获释。他们受到了英雄般的礼遇，礼炮鸣响21响，五十多驾马车护送他们回到官邸。政府认识到民众的力量，从此再没有进一步阻止格拉布街报道议会进程。但议会仍然不允许记者在下院做笔记。

到了19世纪，格拉布街报道议会新闻一事出现了决定性的转机。1803年，议会开始允许记者至后排旁听；1831年又正式在议会大厅设立记者席。1868年，议会又通过法案，承认记者报道议会新闻及批评议会不属诽谤罪。至此，格拉布街实际上获得了报道议会新闻的全面自由。但直到1972年议会才正式废弃不允许格拉布街报道议会辩论的决议。

在争取报道议会进程权的斗争中，格拉布街可谓大获全胜，它不仅获得了报道议会新闻的权利，作为一种进步力量，格拉布街自身的地位也在此过程中得到了显著的提升，真正变成了议会三个等级之外的"第四等级"（1787年，埃德蒙·伯克首次将格拉布街所代表的新闻界称为相对于议会中其他三个等级的"第四等级"）。报刊上发表的议会报告以及相关的讨论不仅满足了公众的需求，而且也或多或少地影响了议员的行为，过去议员们普遍认为"选民的意见需要尊重，但绝对不打算考虑他们的意见"，此时，这种看法已经行不通了。通过格拉布街，此前长期被排斥在议会之外的民众获得了了解议会的机会。格拉布街由此成为民众获取信息的重要渠道，成为展现英国政治文化的平台以及政治评论的论坛，这极大地增强了英国政治的开放性。在公共舆论的监督下，议会再不能无视公众的要求。在这场漫长的斗争中，格拉布街文人为之付出的心血有目共睹，没有他们的努力与坚持，没有他们苦心营造的舆论力量，这场斗争虽然不能说结局无法预料，但恐怕还要历经更多的曲折、耗费更长的时间。随着时间的推移以及人们观念的转变,此前曾因参与党派之争及商业活动而导致声誉不佳的格拉布街文人也逐渐赢得了人们的尊重以及他们在新闻史上应有的地位。

结语

从格拉布街到舰队街：英国新闻业的一曲挽歌

自诞生后，在一百多年的时间里，以格拉布街为中心的英国新闻业在各个方面都取得了实质性的进步：报纸的版面更加完善，内容更加充实，读者的数量大为增加，独立性也越来越强。而且，最为重要的是：以格拉布街为中心的英国印刷新闻业所发挥的社会舆论监督功能较以前大为增强，并最终在18世纪末得到了政府的承认，格拉布街成为议会中的"第四等级"，其舆论监督功能变得不可或缺。

但以格拉布街为中心的18世纪英国新闻业还给我们留下了更多的思考。做为民间的新闻出版机构，格拉布街与政府、与政治的关系一直都十分密切，甚至可以说十分微妙。正是由于英国政府在17世纪末放宽了对新闻界的各项限制措施，客观上营造了一个相对宽松的有利的发展环境，以格拉布街为中心的18世纪英国新闻业才得以茁壮成长。而在格拉布街的发展初期也即困难时期，政府所实行的政治津贴制度又在经济上维系了格拉布街的存在。尽管如此，格拉布街与英国政府的相关政策以及政府活动之间的张力也从来没有消失。两百多年来，格拉布街与代表政府的唐宁街之间的口水战无数，其斗争实质实际上就是精英政治的控制欲与市民社会的知情权之间的斗争。而两者争论的话题，要么围绕着白金汉宫皇室日渐式微的权力，要么围绕格拉布街力量膨胀的限度，要么围绕唐宁街此起彼伏的丑闻。在双方力量的此消彼长中，英国社会的民主趋势在逐渐增强，格拉布街也赢得了赫赫战果：经过资产阶级革命，星法庭及《出版许可法》废除了；经过威尔克斯等人的斗争，总逮捕令废除了；经过"朱尼厄斯"的斗争，确立起"批评国王无罪"的原则，陪审团也掌握了不受政府训令约束，独立做出判决的权利；经过伍德福尔、凯夫等人与政府的斗智，格拉布街最终赢得了报道议会新闻的权利等等。正是这种张力，在18世纪英国激荡的政治环境中，不断地推动格拉布街的发展。笔者认为这是以格拉布街为中心的18世纪英国新闻史的一个最主要特征。

格拉布街的这些进步都值得肯定。但令人有所遗憾的是，格拉布街自身所具有的鲜明特色似乎也随着这些进步的到来而逐渐地烟消云散了。在格拉布街获得了报道议会新闻的权利之后，长篇的议会报道经常充斥各种刊物，有关底层人民生活的记录则日渐减少；报刊的报道风格也像日渐成熟的中产阶级一样变得更加文雅而含蓄，然而与以前相比,则似乎变得乏味而枯燥了。由于格拉布街的专业化程度日渐提高,编辑们也不用在小旅馆中辛苦忙碌,专业而舒适的办公室逐渐取而代之。但工作条件的改善似乎并没有相应地培养编辑们的个性,像奈德海姆、米斯特及伍德福尔这样极具个性的编辑却越来越少。也许,在社会规范化程度日益提高的18、19世纪之交,格拉布街同样要顺应社会发展的潮流,也只能以牺牲个性为代价。也正是在这种规范化的过程中,格拉布街向舰队街稳步迈进。

作为一条街道,格拉布街只是18世纪伦敦所特有的,但是作为一种现象,格拉布街是跨越时空的。作为资产阶级公共领域的"格拉布街"同样在世界其他地区存在过或者仍然存在着。长久以来,作为被边缘化的人群,18世纪格拉布街文人的价值基本上没有得到社会的认可。18世纪之后,仍然有一批寻梦的"格拉布街文人"徘徊在城市的边缘。19世纪英国作家萨克雷的小说《潘登尼斯》(1850)以及乔治·吉辛的小说《新格拉布街》(1891)中的主人公们仍然在为生计而写作。在20世纪,具有格拉布街文人特征的写作群体也依然真实地存在着,作家奥威尔就是其中的一个。除了写作获得的收入,生活在20世纪30年代的奥威尔还不得不靠兼职教学来挣取足够的收入。笔者认为:对各个时期格拉布街文人的评价都不能脱离具体的历史语境(Context),只有将格拉布街文人还原到具体的历史语境中才能得出比较贴切的结论。

英国18世纪新闻业取得的辉煌成就与格拉布街文人是分不开的。格拉布街文人虽然在生活上穷困潦倒,也时常为了生计编写一些不入流的通俗读物;他们中的某些新闻从业者还热衷于报道小道消息、花边新闻,有些报道者为扰乱视听,达到某种目的,甚至不惜发布不实报道。但瑕不掩瑜，我们不能因此贬低他们的价值，认为他们是可有可无、"无用的人"。18世纪英国的格拉布街文人是当时社会历史的产物，他们的境况在很大程度上是18世纪伦敦还相对狭小的文化市场所造成的。文学劳动力过剩，而购买力不足，正是格拉布街文人不得不面对的窘境。那些为谋生计而从事新闻业的格拉布街文人对新闻业发展的贡献是有目共睹的，他们在18世纪英国新闻史上的作用不容抹煞：是他们将18世纪英国社会的各种变化发展演绎成新闻史上波澜壮阔的一幕一幕，是他们为18世纪的英国人打开了了解本国政治的窗口、铺设了公众舆论参与国家政治生活的平台。格拉布街文人是18世纪英国新闻史不可分割的一部分。在举起笔参与政治的过程中，格拉布街文人不屈的战斗精神令人感佩，他们也因此逐渐赢得了人们的尊重，渐渐地提高了自身的社会地位，成就了自身的光荣。然而，就像硬币的两面，在新闻业发展尚不规范的早期，某些格拉布街文人热衷于花边新闻及不实报道虽然尚不足为怪，但也是格拉布街文人群体以及新闻业发展史上不为人所称道的丑陋的一面，本应使后人引以为戒。遗憾的是，格拉布街与舰队街的薪火相传也传递了这种陋习。舰队街的有些新闻记者不但沿袭了格拉布街文人的这种陋习，有的甚至热衷于此，并乐此不疲，狗仔队追拍戴妃导致其出车祸致死的惨剧就是典型案例，这一点一直为人们所诟病。

徜徉今天的格拉布街，昔日肮脏、破败的局面已无踪影，连格拉布街的名称也已在1830年更改为弥尔顿街。令人遗憾的是，此弥尔顿并非我们熟知的撰文坚决捍卫言论出版自由的盲诗人，而仅是一个建筑师的名字。在格拉布街如今的人文景观中，只有一个名为圣保罗的旅馆以及一家怀特布莱德酿酒厂的残垣断壁能给昔日格拉布街那些落魄的魂灵们以适当的慰藉。

与此同时，舰队街昔日的繁华盛景也已渐行渐远。《每日电讯报》的那座醒目的灰色大楼已经成为几家金融机构的办公大楼，曾经轰动一时、配有艺术型黑玻璃外观的《快报》早已人去楼空，《泰晤士报》总部所在的五层建筑也换了新名号。

舰队街的衰落与新闻集团老板、世界媒体大王默多克分不开。默多克在收购了《泰晤士报》以后，决心用电脑技术和先进印刷技术改变《泰晤士报》的面貌，遂把设备运往了望坪街，并于1986年率先将新闻集团下属的《泰晤士报》、《太阳报》、《世界新闻报道》等报社移出了舰队街。在这个"模范"的带动下，其他各报也纷纷搬出了舰队街，在伦敦外围房价便宜的地区建立报社和印刷厂。到如今，随着新兴电子媒体的兴起与繁荣，曾名噪一时的报纸一条街已经名不符实，只有舰队街85号的路透社还孤零零地守在马路南侧。事实上，连路透社的编辑部也搬到了别处，这里只不过是这家新闻机构的行政大院而已。

虽然如今的格拉布街与舰队街皆已沦落成和伦敦普通街市并没有什么不同的小街，但它们仍被认为是对英国新闻媒体的代称。对于许多记者来说，舰队街及其先驱格拉布街代表着英国新闻界在社会上风光无限的一段往事，它们将永远做为英国新闻业的"精神家园"珍藏在英国媒体人士的心中。

参考文献

一、西文著作

1. Joel H. Wiener.ed, *Great Britain: The Lion at home, a documentary history of Domestic Policy 1689—1973*, V.1. NewYork,1974.
2. S.P.Sen ed: *Dictionary of National Biography*, London,1975-81.
3. Alexander Pope;Valerie Rumbold ed, *The Dunciad :in four books*, NewYork, 1999. 2. Arthur Turberville , *Johnson's England* II ,Oxford,1933.
4. Bob Clarke, *From Grub Street to Fleet Street: an illustrated history of English newspapers to 1899*, England,2004.
5. Beljame Alexandre, *Men of Letters and the English Public in the 18th Century, 1660—1744*, London,1948.
6. Brean S. Hammond, *Professional Imaginative Writing in England, 1670—1740: Hackney For Bread*, Oxford,1997.
7. Derek Hudson, *British Journalists and Newspapers*, London.
8. George Rudé, *Hanoverian London 1714—1808*, London, 1971.
9. H.T. Dickinson, *Liberty and Property: Political ideology in eighteenth-century*

Britain, London,1977.

10 Jeremy Treglown and Bridget Bennett ed, *Grub Street and the ivory tower : literary journalism and literary scholarship from Fielding to the Internet,* New York,1998.

11 Joseph Frank, *The Beginnings of The English Newspaper 1620 — 1660,* Cambridge, 1961.

12 Joad Raymond,*The Invention of the Newspaper: English Newsbooks 1641— 1649,* London,1996.

13 Pat Rogers, *Grub Street: Studies in a Subculture,* London,1972.

14 Paula McDowell , *The women of Grub Street : press, politics, and gender in the London literary marketplace, 1678-1730* , Oxford ,1998.

15 Nigel Cross, *The common writer : life in nineteenth-century Grub Street,* New York,1985.

16 R.W.Chapman ed, *The letters of Samuel Johnson* V.1,Oxford,1994.

17 Saunder J W, *The profession of English Letters,* London, 1964.

18 Samuel Johnson, "Life of Richard Savage in Kenneth" H. Brown ed, *Masterpieces of the English short novel,* NewYork,1992.

19 Stephen Koss, *The Rise and Fall of the Political Press in Britain,London,1984.*

20 Troyer Howard William, *Ned ward of Grubstreet: A study of sub-literary London in the 18th century,* Cambridge, 1946.

21 Bertrand A Goldgar, *Pope and Grub-Street Journal, Modern Philology,*Vol.74, No.4 (May,1977).

22 Edward Hart, *Portrait of a Grub: Samuel Boyse, Studies in English Literature, 1500-1900,*Vol.7,No.3(Summer,1967).

二、中文著作

1 辜燮高编：《一六八九——八一五年的英国》，商务印书馆，1997 年。

2 （英）笛福：《笛福文选》，徐式谷译，商务印书馆，1997 年。

3 （德）哈贝马斯：《公共领域的结构转型》，曹卫东等译，学林出版社，1999 年。

4 〔德〕约翰·曼:《古腾堡革命:一个天才与改变世界的发明》,乐为良译,台北:商周出版社,2004年。

5 〔美〕刘易斯·科塞:《理念人——一项社会学的考察》,郭方等译,中央编译出版社,2001年。

6 〔美〕麦克尔·埃默里等:《美国新闻史——大众传播媒介解释史》,展江译,中国人民大学出版社,2004年。

7 〔法〕皮埃尔·阿尔贝、费尔南·泰鲁:《世界新闻简史》,徐崇山等译,中国新闻出版社,1985年。

8 〔英〕《牛津英国通史》,王觉非等译,商务印书馆,1989年。

9 〔英〕包斯威尔:《约翰逊传》,罗珞珈、莫洛夫译,中国社会科学出版社,2004年。

10 〔苏〕塔塔里诺娃:《英国史纲1640—1815》,何清新译,北京三联书店,1962年。

11 王觉非主编:《近代英国史》,南京大学出版社,1997年。

12 钱乘旦:《在传统与变革之间——英国文化模式溯源》,浙江人民出版社,1986年。

13 阎照祥:《英国政党政治史》,中国社会科学出版社,1993年。

14 郭亚夫、殷俊编:《外国新闻传播史纲》,四川大学出版社,2004年。

15 沈固朝:《欧洲书报检查制度的兴衰》,南京大学出版社,1999年。

16 项翔:《近代西欧印刷媒介研究——从古腾堡到启蒙运动》,华东师范大学出版社,2001年。

17 贾平凹等:《上午咖啡下午茶》,团结出版社,2008年。

18 刘建明:《当代新闻学原理》,清华大学出版社,2003年。

19 孙晓文编著:《新版世界五千年》,少年儿童出版社,2004年。

20 〔德〕J·哈贝马斯:《关于公共领域问题的答问》,载《社会学研究》,1999年第3期。

21 田启林、姬琳:《新世纪的分水岭——1800—1860年的英国新闻业》,载《国际新闻界》,2002年第5期。

22 孙勇斌:《约翰逊:恩主制度的叛逆者——读包斯威尔的〈约翰逊传〉》,载《名作欣赏》,2005年第4期。

三、网络资源

1. Manuel Portela, *Writing for money*, http://www.uc.pt/pessoal/mportela/arslonga/MPENSAIOS/writing_for_money.htm.(2004)
2. *The Street of No Shame*, http://books.guardian.co.uk/departments/politicsphilosophyandsociety/story/0,6000,609871,00.html.(2001)
3. *Grub Street: The Literary and Literatory in Eighteenth Century England*, http://faculty.virginia.edu/enec311/literatory.html
4. *The Mass Media as Four Estate*, http://www.cultsock.ndirect.co.uk/MUHome/cshtml/media/4estate.html
5. *Cato´s Letters*, http://www.constitution.org/cl/cato_000.htm.

出版后记

2003年4、5月间，正是北大出版社"人文社会科学是什么丛书"热销阶段，一位著名的大学社社长问我，现在你最想做的书是什么？当时，我毫不犹豫地回答道："历史系列丛书。"这位社长眼睛一亮，然后又接着问我，"你能告诉我为什么吗？"我几乎不假思索地说："历史大部分是人物，是事件，可以说历史就是故事（内在地说，历史就是人生），所以历史系列丛书具有天然的大众性。另一方面，同个人要进步、要发展一定要吸取自己走过的路的经验教训，同时要借鉴他人的经验教训一样，我们的民族要进步，国家要发展一定要反省自己的历史，一定要睁眼看世界；消除我们封闭的民族心理和缺乏自省的国民性，有赖于读史。"记得当时他赞同地点了点头。

北大出版社年轻的一代领导者，摒弃急功近利的短期行为，以出版家的眼光和文化担当意识，于2005年决定成立综合室，于学术著作、教材出版之外，确定学术普及的出版新路向，以期在新时期文化建设中尽北大出版人的一点力量。这样，我的这个想法有了实现的可能性。但是新的问题又来了。其时，社长任命我为综合室的主任，制定综合室的市场战略、十年规划、规章制度、带队伍，日常管理，催稿、看稿、复审等等事务，使我无暇去实现这个选题设想。综合室的编辑都是非常敬业、积极上进的。闵艳芸是其中的一位，作为新编辑，她可能会有这样或那样的一些不成熟的地方，但是我欣赏她的出版理念和勇于开拓的精神。于是，我把"历史系列丛书"的执行任务交给她，她从选定编委会主任、组织编委会议到与作者沟通、编辑书稿，做了大量的工作，可以说没有她的辛勤工作，这套选题计划不可能如期实现。

钱乘旦老师是外国史领域的著名专家，让我惊异的是他对出版业又是那样的内行，他为我们选择了一批如他一样有着文化情怀及历史责任感的优秀学者作为编委，并与编委一起确定了具体选题及作者，同时他还依照出版规律对编委和作者提出要求。钱老师不愧是整个编委会的灵魂。

各位编委及作者在教学、科研、组织和参加会议等大量的工作之外，又挤时间指导和写作这套旨在提高国民素质的小书，并且在短短的一年中就推出了首批图书，效率之高令我惊异，尤令我感动。

编辑出版"未名外国史丛书"是愉快、激动的心路历程。我想这是一批理想主义者自我实现的一次实践，相信丛书带给国民的是清凉的甘泉，会滋润这个古老民族的久已干涸的心田……

杨书澜
2008 年 12 月 7 日于学思斋